Schnee von gestern

Friederike Leibl-Bürger · Florian Asamer

Schnee von gestern

Schlepplift, Strandbad,
Schlüsselkinder –
und was sonst noch war

styria premium

Für die Buben

Vielleicht war nicht alles genau so, wie wir es beschreiben. Aber vieles könnte genau so gewesen sein. Wir wurden beide Anfang der 1970er-Jahre geboren. Der eine wuchs im Westen Österreichs auf, in einer Stadt. Die andere im Osten, am Land. Trotz der Unterschiede hat sich vieles ähnlich angefühlt: Die Gemeinsamkeiten bilden die Basis für dieses Buch. Im Text sind wir nicht immer wir. Und Vater und Mutter sind nicht immer unsere Eltern. Irgendwo zwischen dem Immer und dem Nie dürfte das Lebensgefühl der 1970er- und 1980er-Jahre zu finden sein. Danach haben wir gesucht.

Winter

VOM ERSTEN SCHNEE
ZUM LETZTEN SCHWUNG

Mit den Erinnerungen an unsere Kindheit ist es wie mit allen Erinnerungen: Sie halten einer Überprüfung nur selten stand. Es war immer kalt und es lag sehr viel Schnee. Hat man zum Beispiel in einer Stadt in Westösterreich gewohnt, in einem Haus mit Hof, dann kann man sich vielleicht noch daran erinnern, in diesem Hof Schneehöhlen gebaut zu haben. Also Gänge mit Ausgängen oben und seitlich, in denen man herumkriechen und spielen konnte. In der Mitte sogar mit einem Iglu. Müssen also Mordswinter mit wahnsinnig viel Schnee gewesen sein damals, oder? Es existiert sogar ein Foto davon. Allerdings sind Schneehöhlen für einen Sechsjährigen etwas anderes als für einen erwachsenen Beobachter. Betrachtet man das Foto genauer, ist nur ein großer Schneehaufen zu sehen, der durch das Schneeschaufeln entstanden ist.

Es gab sehr schneereiche Winter in den 1970er- und 1980er-Jahren. Es gab aber auch schneearme. Wenn wir uns recht bemühen, so können wir uns vielleicht auch an endlose Spaziergänge erinnern, zu denen uns die Eltern während der wenigen Stunden mit Tageslicht zwangen, um „auszulüften", wie sie es gern nannten. Dann schleppten wir uns über festgefrorene Ackerfurchen und tote Wiesen und kein Tüpfelchen Schnee war zu sehen. Aber diese Winter sind überdeckt von den glorreichen, schneeweißen Wochen, die für uns die Winter unserer Kindheit sind. So hätte es immer sein können.

Am schönsten war es, wenn der Schnee über Nacht kam. Am schönsten war es, wenn der Schnee über Nacht kam. Wir liefen zum Fenster, und statt dem braun-grünen Gatsch und den traurigen, nackten Baumwedeln, die uns noch ein paar Stunden zuvor eine gute Nacht gewünscht hatten, sagte nun eine dicke Schneetuchent guten Morgen. Alles lief in Zeitlupe. Der Schnee schaltete einen unwirklichen Filter vor unsere Sinne. Die Verlangsamung war nicht nur Einbildung: Auf den nicht geräumten Straßen bewegten sich alle tatsächlich vorsichtiger als sonst.

Winter, das waren Eiszapfen an Dachrinnen, die wir abzubrechen versuchten, um daran zu lutschen. Überhaupt hat man uns erst viel später abgewöhnt, Schnee zu essen. Sich als Kind gut eingepackt ungebremst in den Schnee fallen zu lassen (nach hinten, um dann mit den Armen einen Engelabdruck zu hinterlassen) haben wir bis heute als Zeichen von bedingungslosem Vertrauen abgespeichert. Winter war auch, den Atem vor dem Mund sehen, Eis von Fenstern kratzen oder auf Autoscheiben Namen in die Raureifschicht ritzen. Schneebälle auf Verkehrsschilder werfen oder den Mitschülern in den Nacken stecken. Auch das „Einreiben" mit Schnee gehörte als fixer Bestandteil zum Winter.

Dass uns ständig kalt war, damals, lag auch daran, dass nicht flächendeckend geheizt wurde. Es war üblich, in einem Haus nicht alle Zimmer gleich warm zu machen, sondern eben nur jene, die ständig benützt wurden. In den öffentlichen Verkehrsmitteln und in der Schule war es auch drinnen kalt, wenn es draußen kalt war. Wollpullover waren, abgesehen davon, dass sie kratzten und gerne dunkelbraun waren, kein modisches Bekenntnis, sondern pure Notwendigkeit. Im Winter mit kurzen Ärmeln im Klassenzimmer sitzen? Undenkbar. Sweatshirts gab es erst später in unserem Leben. Wie erstaunt waren wir, dass Pullover auch weich und angenehm

sein konnten! Von „Fruit of the Loom" waren diese ersten Segens-
bringer beispielsweise.

Hauben waren ohne Ausnahme unschick und juckten am Haar-
ansatz. Sie waren selbst gestrickt und in Form, Farbe und Material
grauenvoll. Aber auch die gekauften waren nicht viel besser: Es gab
etwa solche, die nach oben hin viel Stoff und die Form einer Raute
hatten. Sie standen immer in die Höhe. Egal, zu welcher Haube
man vergattert war – Diskussionen über die Notwendigkeit einer
Kopfbedeckung gab es zwar, waren aber zwecklos: Sobald man sie
abnahm, standen einem die Haare zu Berge und man musste sich
zunächst ordentlich kratzen. Heute sehen wir fassungslos, wie junge, coole Menschen sogar im Sommer Wollhauben überziehen, die
uns noch im Nachhinein vor Scham zum Weinen bringen könnten.

Wenn wir morgens in die Schule aufbrachen, war es noch stockdunkel. Das störte uns gar nicht, verhieß es doch ein wenig Abenteuer. Sich im Dunkeln draußen aufzuhalten war uns ja sonst strikt
untersagt – die Logik, warum Abenddunkel im Gegensatz zu Mor-
gendunkel unzumutbar war, erschloss sich uns beim besten Willen
nicht. Wir schlitterten auf jeder Eisplatte, die wir finden konnten.
Sonst wäre es kein echter Winter gewesen.

Nach der Schule ging man rodeln. Es gab richtige Schlitten für
eine und zwei Personen. Sie waren unhandlich und kamen uns alt-
modisch vor. Am Rodelhügel – den gab es in jedem Dorf – musste
es aber ein Bob sein. Die gängigen Varianten waren der Zipfelbob
mit seinem Riesenzinken, der Plastikbob mit oder ohne Bremsen
und als Highlight der Lenkradbob, der dennoch unlenkbar war. Am
schnellsten und wildesten ging es aber beim Sacklrutschen bergab.
Feste Futter- oder Düngersäcke waren dafür am besten geeignet.
Näher konnte man dem Boden nicht kommen. Blauer konnte ein Po
auch nicht werden als nach einer Sacklrutschpartie.

Bei schlechtem Wetter war der Eislaufplatz eine Alternative. Dort drehten wir zu Musik aus Udo Hubers „Die großen Zehn" unsere Runden. Zum Standardprogramm gehörten aber auch jene Lieder, die heute noch auf keinem Eislaufplatz fehlen dürfen: „Rivers of Babylon" von Boney M, „Hands up" von Ottawan und „Jenseits von Eden" von Nino de Angelo. Wir jagten einander, kratzten mit den Kufen Eisschnee zusammen, um damit Schneebälle zu formen. Wenn uns ein Mädchen gefiel, versuchten wir möglichst knapp vor ihm abzubremsen. Burschen trugen Hockeyschuhe, Mädchen klassische weiße Eislaufschuhe aus Leder. Und rosa Ohrenschützer, ebensolche Legwarmer. Wenn uns Mädchen jemand gefiel, schauten wir keinesfalls zu ihm hin. Jeder Annäherungsversuch wurde empört zurückgewiesen. Das Balzen auf dem Eislaufplatz war anstrengend und völlig fruchtlos. Wir liebten es.

Hatte es über Nacht geschneit, mussten wir in der Früh manchmal beim Schneeschaufeln helfen. Schneeschaufeln war anstrengend: Hatte man Handschuhe an und den Anorak geschlossen, war einem bald zu heiß. Versuchten wir den Anorak schnell auszuziehen, fraß sich der Zippverschluss im Futter fest. Wir waren in der Jacke gefangen. Und ohne Handschuhe bekam man Blasen an den Händen. Schnee schaufeln musste man immer sofort, sonst wurde der Schnee zu schwer. Der Lärm des Schneeschaufelns, das Kratzen der Stahlkante am Asphalt gefolgt von dem dumpfen „Wuhp", wenn Schnee mit Schnee kollidiert, wurde zwar vom frischen Schnee gedämpft. Aber das kollektive „Krch krch", das reihum ertönte, gehörte zu den winterlichen Morgenstunden wie das Vogelgezwitscher zum Sommermorgen.

Wir hatten zwar vielleicht nicht so viele verschiedene Worte für Schnee zur Verfügung wie ein Inuit. Aber doch ein paar sehr lautmalerische: Bruchharsch zum Beispiel. Oder Firn. Auch Pulverschnee.

Und Haxlbrecher. Oder die Graupel, die sich noch nicht entschließen können, Flocken zu sein. Und dann gibt es noch den sehr kalten Schnee, der sich weder zu Schneebällen noch zu Schneemännern formen lässt. Am liebsten ist uns bis heute das Geräusch, wenn frischer Schnee von den ersten Fußstapfen zusammengedrückt wird.

Am klarsten strukturiert war der Dezember: Hier herrschten das Christkind und der Nikolo. Der wiederum zusammen mit dem Krampus, der uns bei Perchtenumzügen windelweich prügelte, und trotzdem – oder vielleicht gerade deshalb? – gingen wir immer wieder gerne hin. Es gab keinen Weihnachtsmann, keine Dekorationen in Vorgärten und an Hausfassaden, an denen heute ganze Rentierschlitten mit blinkenden Lichterketten die dunkelste zur hellsten Zeit des Jahres machen. Unsere Winter waren kalt, still und schwarz. Wir bastelten Strohsterne und buken Vanillekipferln. Das heißt, wir verstreuten Mehl, Zucker und Teigbrösel, aßen so viel Teig wie möglich und formten das, was wir für Kipferln hielten, aber eher fetten Raupen glich. Die Mütter formten sie heimlich um, und niemand wunderte sich, warum das, was aus dem Backrohr kam, ganz anders aussah als das, was wir angefertigt hatten.

Wir warteten auf den Heiligen Abend. Das Warten war überhaupt nur erträglich, weil es täglich ein Adventkalendertürchen zu öffnen gab. Auch der Christkindlmarkt half. Der hatte im Gegensatz zu den Weihnachtsmärkten heute nur wenige Stände: Es gab Maroni, kandierte Äpfel, Glühwein und Kinderpunsch, Kunsthandwerk (sehr langweilig) und Plastikspielzeug aus Asien (sehr begehrenswert).

Der 24. Dezember war der längste Tag des Jahres. Wir durften, nein, wir mussten von der Früh an fernsehen. Und wollten doch nur, dass es endlich dunkel wurde. Weihnachten war ein riesengroßes Mysterium, das Geheimnis dort drinnen im Wohnzimmer, bei dem es für uns nie mit rechten Dingen zuging. Und das so schnell wieder vorbei war. Das Christkind haben wir auch nie gesehen.

Die Tage bis zu Neujahr hätten niemals enden dürfen. „Zwischen den Jahren" saßen wir bis nach Mittag im Pyjama im Wohnzimmer, das für uns zu einem großen Kinderzimmer auf Zeit geworden war, und bespielten alle Geschenke, die wir bekommen hatten. Wir versuchten den Jahreswechsel so weit wie möglich hinauszuschieben. Denn mit dem Bleigießen am Silvesterabend und dem darauffolgenden Feuerwerk begann für uns Kinder schon das lange Warten auf das nächste Weihnachtsfest.

Allerspätestens nach Silvester, wenn das Neujahrskonzert vorbei und die Vierschanzentournee in vollem Gange war, lag zumindest weiter oben genug Schnee, um uns endlich dem eigentlichen Winterthema widmen zu können: dem Skifahren. Nichts sollte uns mehr prägen und uns auf der endlosen Suche nach dem eigenen Selbstverständnis ein so großes Stück weiterbringen wie diese für uns natürlichste Fortbewegungsform auf Schnee. Damals, als das Skifahren noch ein Volkssport war.

Holländer und Kinder müssen unten bleiben

Nur wer Ski fahren konnte, konnte Ski fahren. Denn Ski fahren war noch völlig undemokratisch. Es gab keine Carvingski, keinen Kunstschnee und vor allem keine präparierten Pisten jenseits der Baumgrenze. Um den Kurven- oder Tellerlift, der immer auch als Treffpunkt der Skischule diente, endlich hinter sich lassen zu dürfen und in die beachtlichen Weiten eines Skigebietes aufbrechen zu können, war es notwendig, deutlich fortgeschritten zu sein. Denn Skifahren hatte durchaus noch eine alpine Dimension. Bei schlechter Sicht und Wind kam man sich ziemlich verlassen vor, die Abfahrt wurde, wenn schon keine Sache auf Leben und Tod, so doch eine ernste Angelegenheit. Wer im Steilstück die Kontrolle über die Skier verlor, fand sich unversehens ein paar Hundert Höhenmeter weiter unten wieder. Die Ausrüstung (ein Stock dort, die Haube da, ein Ski – ja, wo eigentlich?) weitläufig im Gelände verteilt.

Bis es aber so weit war, und man überhaupt Gelegenheit bekam, ganz oben zu stürzen, konnte das durchaus einige Jahre dauern, da sich die Übungsgelegenheiten, zumindest dann, wenn man nicht unmittelbar in einer Skiregion wohnte, auf eine Handvoll Ferientage und ein paar Wochenenden pro Saison beschränkten. Schon rote Pisten waren damals für Fahranfänger eine echte Herausforderung. Vor allem, weil sie mangels Kunstschnee im Laufe einer neuschneelosen Woche – aber oft schon während eines Tages – ihr Gesicht völlig verändern konnten. Sie wechselten von Rot auf Braun, steinige, eisige Passagen inklusive. Auch mehrere Quadratmeter große Eisplatten, die sich mitten im sonst tadellosen Hang unter einer hauchdünnen Schneeschicht verbargen, gehörten zum Alltag. Schwarze Pisten wiederum stachen nicht wie heute vor allem durch ihre Neigung hervor, sondern wurden oft schlicht nicht präpariert, weil das Gelände sich mit dem zur Verfügung stehenden Gerät nicht so ohne Weiteres glätten ließ. So traf man abseits der Anfängerlifte nur selten Pistenraupen. Und so gut wie nie Holländer.

Das Pistennetz war noch nicht so ausgeklügelt wie heute. Anfängerabfahrten endeten manchmal ohne Vorwarnung in schwarzen Pistenstücken. Regelmäßig war es notwendig, lange Flachpassagen mit Schlittschuhschritten und kräftigem Stockeinsatz zu überbrücken, um überhaupt wieder zum Lift zurückzukommen. Für Anfänger oft noch ein schwierigeres Hindernis als die steilsten Buckelpisten, die man im Notfall mit abgeschnallten Skiern am Hintern rutschend bewältigen konnte. Die Saison endete ohne Schneekanonen deutlich früher als heute. Spätestens Anfang März war es in den niedrigeren Regionen mit dem Skifahren vorbei – und schon zuvor waren wir oft gezwungen, die Skier weit oberhalb der Talstation abzuschnallen. Danach mussten wir ein Stück zu Fuß gehen – wie haben wir die klobigen Skischuhe verflucht! – oder mit Gondel oder Sessellift ins Tal fahren. Eine unsportliche Schmach: Normalerweise war die Lifttalfahrt den Nichtskifahrern, also Touristen, Sonnenanbetern vorbehalten, die auch einmal zum Gipfel hinauf wollten.

Deshalb fühlen wir uns heute oft um unsere vielen harten Lehrjahre geprellt, wenn in Skigebieten Vielfach-Sessellifte jeden Anfänger vom ersten Tag an direkt zum Gipfelkreuz führen und es oben zugeht wie früher nur am verpönten Babylift. Es ist schön, dass Carvingskier dem Sport neue Impulse gegeben haben. Es ist nicht so schön, dass man mit ihrer Hilfe ohne lästigen Umweg über Stemmbogen und Co. das Skifahren beherrscht, ohne es wirklich zu beherrschen. So rasen Menschen die Piste hinunter, die den Schneepflug nie gelernt haben. Deshalb können sie dann auch so schlecht bremsen, wenn vor ihnen ein Kind im Schneepflug fährt.

Herunter kommt jeder

Beim Lift anstehen heißt heute, mit den Skiern auf einem Förderband in Richtung Einstieg geschoben zu werden, nachdem der Chip einsatzpflichtiger Skipässe wie von Geisterhand das Drehkreuz auf Grün geschaltet hat. Uns schnalzte noch die Liftkarte ins kalte Gesicht, nachdem wir sie in den Kontrollschlitz gesteckt hatten. Der Handschuh, den man sich für das Manöver ausgezogen und zwischen die Beine gestopft hatte, landete auf dem Boden, beim Angeln danach verlor man das Gleichgewicht. Und hasste sein unwürdiges Auftreten. Dabei war der Skipass zum Stecken schon ein riesiger Fortschritt zur persönlichen Kontrolle jeder einzelnen Karte davor. Vor dem strengen Blick des Personals auf unseren Skipass hatten wir uns auch dann gefürchtet, wenn es nicht die ausgeborgte Saisonkarte der einheimischen Cousine war. Die Karten am Gummiband waren dennoch ein ständiger Verdruss. Wer sie nicht ordentlich unter die Jacke zurückgestopft hatte, dem flatterte sie beim Fahren um die Ohren oder – noch schlimmer – davon und wurde nie mehr gefunden.

Die eigentliche Herausforderung beim Skifahren für uns war das Hinauffahren. Wenn man mit acht Jahren und knapp 25 Kilo Körpergewicht alleine an einem Schleppliftbügel hing, bedeutete das den wahren Kampf gegen den Berg. Immer darauf bedacht, nur ja nicht den Bodenkontakt zu verlieren, gleichzeitig gerade in steilen Passagen nur knapp schwer genug, um nicht mit dem Bügel nach oben gezogen zu werden. Da wir aber gerade in diesem Alter unersättliche Skifahrer waren und bei jedem Wetter und zu jeder Uhrzeit rauf und runter fuhren, mussten wir die Schleppliftfahrten zu den Randzeiten oft alleine bewältigen. Die Alternative wäre gewesen, jedes Mal zu warten, bis ein möglicher Mitfahrer auftauchte.

Manchmal war der Zug des Bügels so stark, dass wir den Bügel nur mehr mit den Händen zu fassen bekamen. Dann kämpften wir vornübergebeugt so lange gegen das Hinausfallen, bis uns die Kraft verließ. Wichtig war, zumindest so lange durchzuhalten, bis ein Aussteigen auf der Strecke überhaupt möglich war. Es gab Passagen, wo man gar nicht mehr zurück zur Piste gelangen hätte können. Dazwischen lag ein Graben, ein Wald oder ein unüberwindbar scheinender Tiefschneehang. Die Liftfahrt verlangte uns oft mehr Kraft, Können und Konzentration ab als die folgende Abfahrt.

Die Skigebiete waren voll von Liftfallen: Elend lange unendlich langsame Einzelsessellifte mit schiefen Sicherheitsbügeln – manchmal sogar nur Ketten zum Einhängen –, unter denen wir mit unserer Größe problemlos durchgerutscht wären. Die Stützen lagen so weit auseinander, dass man bei schlechter Sicht glaubte, nur an einem Seil in der Luft zu hängen. So alleine waren wir in unserem ganzen Leben nie wieder wie in jenen Minuten, in denen der Einzelsessellift wegen starken Windes in der Mitte zwischen Tal- und Bergstation ohne Vorwarnung abgeschaltet wurde. Dort schaukelten wir im Sturm, froren mit den nassen Handschuhen vor dem Mund und dem Zweifel im Herzen, ob das Seil, nur weil der Lift gerade nicht in Bewegung war, tatsächlich nicht aus der Führung springen konnte. War das Wetter gut, vertrieben wir uns die Fahrt damit, mit der Spitze des Stockes in die Styroporauflage des Sitzes zu ritzen: Herzerln, Initialen oder den eigenen Namen, später brannten wir auch mit Zigaretten Löcher hinein.

Als wir kleiner waren, war es bei Doppelsessellisten schwierig, den Liftbügel ohne Hilfe zu schließen. Ziemlich oft sind wir da an der vorderen Sitzkante ohne Sicherung zehn Meter über dem Boden balanciert, um den Bügel so greifen zu können, dass er auch geschlossen werden konnte. War er endlich zu, haben wir aus

Langeweile und weil wir durstig waren – und das waren wir immer – mit der Zunge den Liftbügel berührt. War es kalt genug, sind wir dann kleben geblieben: Kurz vor dem Ausstieg blieb uns nichts anderes übrig, als die festgefrorene Zunge gewaltsam wegzureißen. Das Blut im Mund half jedenfalls nicht gegen unseren Durst.

Ameisen in der Gondelbahn

Zu den unvergesslichen Lifterinnerungen gehören auch Gondel-
fahrten, während derer man, auf Höhe der Erwachsenenhintern
eingeklemmt, nicht nach draußen schauen konnte. Deshalb hob
einem die nächste Stütze ohne Vorwarnung den Magen aus, während das Gesicht gegen die kalte Kante eines fremden Skis gedrückt
wurde. Vor allem deutsche Skigäste begleiteten das gerne mit einem überdrehten „Huhu". In der Gondel gilt dasselbe Prinzip wie
auf einem Schiff: Wenn man nicht hinaussieht, kann einem leicht
schlecht werden.

Mit Gondeln fuhren wir auch aus anderen Gründen ungerne:
Wir wollten, wenn irgendwie möglich, nicht die Ski abschnallen.
Auch wenn man in einer Schlange stand oder im Flachen vor sich
hin stapfte, stand man auf Skiern, war man Skifahren. Ohne Skier
aber war der Spaß vorbei. Da fiel erst auf, wie sehr uns die Neigung
der Schuhe unsere Knie nach vorne drückte. Wir mochten Seilbahn-
fahrten auch deshalb nicht, weil meistens gerade eine von den beiden Gondeln knapp vor unserer Nase die Tür schloss, ohne uns mit-
zunehmen. Dann sahen wir die riesige Kabine wie von unsichtbarer
Hand gezogen lautlos nach oben verschwinden und mussten eine
Ewigkeit von zwanzig Minuten auf die nächste warten.

In moderneren Skigebieten gab es dann irgendwann kleine,
wendige Sechser-Gondeln. Die mochten wir schon lieber. Zwar
musste man auch die Skier abschnallen und oft gefährlich hohe
Eisenstufen mit den schweren Brettern auf den Schultern überwinden, um zum Einstieg zu gelangen. Aber in der Gondel hatten wir
dann wenigstens einen fixen Sitzplatz und gute Sicht nach draußen. Eine Liftfahrt mit Freunden konnte sehr lustig sein. Alleine
auf engstem Raum zwischen fremden schweigsamen Erwachsenen

stehend, kam uns der Weg auf den Berg aber wie eine kleine Ewigkeit vor.

Doch vor dem Einsteigen musste wir noch einen Kraftakt bewältigen: Unsere Skier in das dafür vorgesehene Fach im Träger stecken. Der Träger war für uns zu hoch montiert, die Skier schwer und diese ganze Versuchsanordnung fand in Bewegung statt. Manchmal passierte es, dass man zwar die Skier verstaut hatte, es aber nicht mehr rechtzeitig in die Gondel schaffte. Dann musste man darauf hoffen, dass oben jemand die Skier herausgenommen und beiseitegestellt hatte. Beim Aussteigen begann das gleiche Spiel von vorne. Nur umgekehrt.

Menschen staunen über Ameisen, die ein Vielfaches ihres Körpergewichts tragen und dabei noch die schwierigsten Wege bewältigen können. Wir Skikinder in unserer schweren Ausrüstung haben Ähnliches geleistet. Nur hat das niemand für etwas Besonderes gehalten.

Erbswurstsuppe und Skiwasser

So stark weiterentwickelt wie das Material hat sich auch die Kulinarik auf den Hütten. Einkehrschwung, das hieß früher aufwärmen, aufs Klo gehen und kleine Karte. Wobei die Selbstbedienung schon damals Standard war und das Balancieren des Tabletts in Skischuhen mehr zur Ausbildung unseres Gleichgewichtssinnes und damit zur Sicherheit auf den Skiern beigetragen hat als jede noch so schwere Buckelpiste.

Wo heute auf zigtausend Metern manchmal sogar zwischen frischer Steinofenpizza, Filetspitzen und aus einer ansehnlichen Weinkarte gewählt werden kann, hieß es damals immer nur: Erbswurstsuppe, Berner Würstel oder Germknödel. Kaum etwas sieht so eklig aus wie Erbsensuppe mit Würstel. Es gibt sie auch ausschließlich auf Skihütten. Kinder hassen sie und Erwachsene essen sie nur deshalb, weil es sie an früher erinnert. Die Erbswurstsuppe dient also von jeher bloß dem Verfestigen von Erinnerungen. Eine ähnliche Funktion erfüllt das Skiwasser. Der verwässerte und völlig unangemessen teure Himbeersaft findet nur auf Skihütten Abnehmer. Ein anderes Phänomen der Skikulinarik: Käsespätzle, Kaspressknödel und Gulaschsuppe. Lauter Gerichte, die alle gesundheitlich positiven Effekte des Bergsports (Bewegung, frische Luft) mit einem Schlag zunichtemachen.

Doch bevor man sich an diesen fragwürdigen kulinarischen Angeboten laben konnte – so hungrig wie ein Skitag macht sonst nur schwere körperliche Arbeit –, mussten wir zuerst einmal einen Platz ergattern. Das begann mit einer schweren Entscheidung: Wohin mit den Latten und den Stöcken? Die Metall- oder Holzständer vor den Hütten waren meist hoffnungslos überfüllt. Wir neigten dazu, einfach die Bindung zu öffnen und die Skier, so wie sie waren, liegen zu lassen. Man wusste ja, wo sie waren. Später allerdings leider nicht mehr so genau.

Wollte man mittagessen, und alle wollten zu Mittag essen, also so gegen halb eins, dann stellte sich die Frage: drinnen oder draußen? Wobei, eigentlich stellte sie sich nicht: War es warm und schön, musste man drinnen sitzen. War es eisig kalt, aß man im Freien. Denn die Hütten an den neuralgischen Punkten waren zu den Stoßzeiten so überfüllt, dass man froh sein musste, überhaupt noch irgendeinen Platz zu bekommen. Und der war immer dort, wo gerade niemand sein wollte. Da wir uns unser Essen selber holen mussten, galt es, sich einen Tisch zu sichern, bevor man sich ums Essen anstellte. Am beliebtesten waren in der Hütte Eckplätze mit Bank, jene vor der Hütte die an der Hauswand. Hatte man einen Platz ergattert, reservierte man ihn mit einem ganzen Haufen an Materialien: Hauben, Handschuhen, Skibrillen, oft auch Anoraks zeugten davon, dass hier nichts mehr zu holen war. Uns Kindern war immer zu heiß oder zu kalt.

Apropos Hütte: Das mit Abstand Gefährlichste am gesamten Skisport waren nicht etwa Fahrten in ungesicherten Tiefschneehängen, Sprünge über nicht einsehbare Schanzen oder waghalsige Schussfahrten – sondern in der Skihütte die Toilette erfolgreich aufzusuchen. Mit geschlossenen Skischuhen versuchten wir die gefliesten, nassen und damit unendlich rutschigen Stufen in den Keller hinunterzusteigen. Hatte man das geschafft, ohne sich den Hals zu brechen, kam der nächste heikle Teil. Unter den verschiedenen wärmenden Schichten etwa jenen Teil herauszuwurschteln, der einem Erleichterung verschaffen konnte. Wer sich hinsetzte, riskierte, dass der obere Teil des Overalls die eklige Nässe am Boden berührte, außer man hatte alles Ausgezogene gekonnt verknotet. Bis dahin klopften dann aber schon zig Wartende an die Klotür.

Auch für unsere Eltern war das Einkehren wenig erholsam. Kaum hatten sie sich hingesetzt, waren wir mit unserem Essen schon fertig und drängten auf den Aufbruch. Vor allem bei schönem Wetter im Freien gab es immer Diskussionen: Die Erwachsenen wollten nach dem Essen gerne noch ein bisschen in der Sonne sitzen und die Augen zumachen. Wir dagegen so schnell wie möglich wieder in die Bindung steigen.

Schneepflug statt Pizzaschnitte

Die Teilnahme am Skikurs war so selbstverständlich wie die täglich frischen Semmeln zum Frühstück. Ein nicht verhandelbarer Bestandteil des Urlaubs, der spätestens nach Erlernen der Grundtechniken sogar Spaß machen konnte. Höhepunkt war neben dem Privileg, als Erster hinter dem Skilehrer fahren zu dürfen, das Mittagessen in der Skischule, bei dem es alles gab, was einem die Eltern auf der Hütte nie kaufen wollten: Pommes, Würstel, Pudding und Eis. Im Winter! Danach durften wir kurz fernsehen, und es lief immer „Tom & Jerry".

Heute verweigern viele Kinder den Skikurs. Obwohl der Schneepflug inzwischen Pizzaschnitte genannt wird. Und der Parallelschwung Spaghetti. Entweder sind die heutigen Eltern um so viel cooler als unsere oder ihre Kinder haben die für uns so erstrebenswerten Nebenaspekte (Frittiertes, Gummibärchen, Fernsehen) sonst ohnehin im Übermaß zur Verfügung. Zugegeben – glückliche Vierjährige im Skikurs waren damals wohl auch selten. Aber spätestens mit Ende der Volksschule dachte man, man hätte mit dem Skikurs die Eltern abgeschoben und nicht umgekehrt. Schlimm war nur das Skirennen – samt Siegerehrung auf einem Bierkistenpodest –, bei dem immer der gewann, der eigentlich viel schlechter Ski fahren konnte. Das ging aber auch nie mit rechten Dingen zu.

Skifahren war eine ernste Angelegenheit. Die Frage, ob man als Kind überhaupt Ski fahren lernen wollte, stellte sich nicht, sondern nur die Frage nach dem Wann: Kurz bevor man gehen konnte oder erst knapp danach? Wie man diese unabdingbare Kulturtechnik erlernte, war ebenfalls klar vorgegeben: Man wurde möglichst jung in einen Skikurs gesteckt. Denn nur wer schon von klein auf mit dem Wintersport Bekanntschaft machte, stellte sich zum Beispiel mit sechs Jahren nicht mehr die grundsätzliche Frage nach dem Warum.

Unsere eigenen Kinder, die wir offenbar zu spät mit Skiern konfrontiert haben, reagierten fast entrüstet auf das Angebot, bei Affenkälte in Foltermontur den ganzen Tag im Freien zu verbringen. Vor allem da es drinnen gemütlich ist oder der Flug in die Wärme nur die Hälfte dieses grässlichen Skiurlaubs kostet. Diese Frage hat sich uns damals nicht nur mangels leistbarer Fernreisen erst gar nicht gestellt. Wir waren so früh in die Ski-Maschinerie geraten, dass wir ein Teil von ihr geworden waren.

Im Skikurs gab es eine klare Vorgangsweise. Da die Eltern nicht wirklich die Härte hatten, ihre Kinder, die knapp dem Windelalter entwachsen waren, vier Stunden lang weinend über den Zwergerlhang purzeln zu lassen, gab es die Skilehrer. Sie erledigten diesen dreckigen Job mit Lässigkeit. Sie schafften es, Kinder, die aufs Klo mussten, so lange hinzuhalten, bis alle aufs Klo mussten. Tränen zu ignorieren, das Mittagessen als Höhepunkt zu inszenieren, aber auch erste Erfolge mit der gebotenen Ernsthaftigkeit zu würdigen.

Dazu hatte der Skilehrer neben seiner natürlichen Autorität, die ihm seine Könnerschaft auf den Brettern verschaffte, noch eine Methode, die Gruppe zusammenzuschweißen. Heute sagt man dazu „Team building". Sobald die Kinder in der Früh das erste Mal meist an einem Schild mit einer Disneyfigur versammelt waren, bildeten sie mit angeschnallten Skiern eine Reihe. Dann stellte jeder den rechten Ski senkrecht auf, sodass der Skilehrer unsere Laufflächen sehen konnte. Er sprach die Zauberformel: „Wir begrüßen einander und den neuen Skitag mit einem dreifachen ..." und dann schrien alle drei Mal hintereinander „Ski Heil". Dasselbe an die jeweilige Tageszeit angepasste Ritual ging vor der Mittagspause und am Nachmittag vonstatten, bevor sich die erschöpfte Gruppe auflöste.

Uns kam die Ski-Heil-Brüllerei nie komisch vor, aus heutiger Sicht erscheint sie uns ein wenig befremdlich.

Wir selbst machten als Eltern den Fehler, den Kindern selber das Skifahren beibringen zu wollen. Und obwohl uns heute noch die Oberschenkel und der Rücken brennen, wenn wir daran denken, wie wir mit dem Schleppliftbügel unterhalb der Knie die endlos scheinende Liftfahrt durchgestanden haben, lernten unsere Kinder nie mehr so gut Ski fahren wie wir damals. Das Skifahren ist übrigens eine der führenden „Bruttosportarten". Das heißt, man verbringt den größten Teil der Zeit mit Anreise, Vorbereitung, Liftfahrten und Nachbereitung. Kleine Kinder pistenfertig zu machen dauert noch einmal so lange. Das macht das „Netto", also jene Momente, in denen man dann tatsächlich talwärts fährt, so besonders kostbar.

Das Ausschalten des Skilehrers in den ersten Lehrjahren könnte also mitverantwortlich sein für das Ende des Skifahrens als Volkssport.

Aus der Spur ins Gelände

Vom „Lehrplan" her gab es im Skikurs eine klare Vorgangsweise. Nachdem es gelungen war, nicht mehr ständig im Stehen umzufallen, begann man im flachen Bereich zu rutschen. Als auch das einigermaßen verlässlich ohne Sturz funktionierte, standen wir vor dem größten Problem. Wie bremsen? Dafür war der Schneepflug angeblich das Mittel der Wahl. Aber schwierig zu erlernen. Daher fuhren wir, als wir halbwegs sicher auf Skiern standen, erst einmal eine ganze Zeit lang nur Schuss und kümmerten uns erst ums Bremsmanöver, wenn ein unüberwindbares Hindernis auftauchte. Zäune, Hüttenwände und dergleichen.

Beim Skikurs wurde in der Spur gefahren. Entweder fuhr der Skilehrer voraus, und die Gruppe stand oben an wie an einer Supermarktkasse, um dann einzeln den Hang (möglichst in der Spur des Skilehrers) nachzufahren. Oder man fuhr in einer Schlange den ganzen Hang hinunter. Immer darauf achtend, nicht dem Vordermann hineinzufahren und doch den Bogen an der Stelle hinzubringen, an dem der Skilehrer ihn gemacht hatte. In der Spur nachfahren war allerdings ein bisschen wie Autofahren mit dem Navi. Wenn man es später ohne machen sollte, fand man den richtigen Weg nicht mehr.

Sobald man schließlich eigenständig den ganzen Tag unterwegs war, interessierte einen die Piste selbst eher weniger. Das war die Reaktion auf das ständige In-der-Spur-bleiben-Müssen. Die zwei Dinge mit magischer Anziehungskraft waren Schanzen und das freie Gelände. Schanzen suchten oder bauten wir. Vom Lift aus begutachteten wir jede Kante auf ihre Sprungtauglichkeit hin. Wir waren zwar durchaus risikobereit, aber keine Hasardeure. Es durfte weder Verkehr im Anlauf sein, noch durften im Auslauf

Leute herumstehen. So dauerte es oft einen ganzen Vormittag und zig Fahrten rauf und runter, die im Grunde nur den einen richtigen Sprung über die Schanze zum Ziel hatten. Vor allem jene Schanzen, bei denen man im Flachen landete, können wir heute noch in den Knien spüren. Wir sind häufig gestürzt. Neben dem Schanzenspringen waren Hohlwege und Waldwege unsere große Leidenschaft. In Hohlwegen konnte man wie in einer Bobbahn Kurven in der Waagrechten ausfahren, Waldwege waren ein einziger Hindernisparcours. Wenn wir darüber nachdenken, was wir alles gemacht haben, sind wir vielleicht doch froh, dass unsere Kinder ihre Nachmittage vor der Xbox verbringen. Nein, eigentlich sind wir das nicht.

Der Schmerz in den Zehen

Der beste Teil am Skifahren ist – heute wie damals – das Danach. Nichts von dem, was gemeinhin als Après-Ski beschrieben wird, fühlt sich so gut an, wie das Ausziehen der Skischuhe nach der letzten Abfahrt. Das Kribbeln der Beine, die langsam wieder ausreichend durchblutet werden. Der Schmerz in den Zehen, wenn sich die Kälte langsam zurückzieht und das Gefühl zurückkehrt. Die ersten Minuten irgendwo im Warmen, wenn die Heizung zu wirken beginnt und man sich aus dem feuchten Anorak schälen kann und die Wangen zu glühen beginnen. Der große Appetit auf Schokoriegel und Traubenzucker, die nie so gut schmeckten wie nach einem langen Skitag. Daran hat sich wenig geändert.

Das echte Après-Ski, also in Hütten, Bars und Discos in Skischuhen zu tanzen (wenigstens konnte einem niemand auf die Zehen treten) und so lange der Wodka-Feige zuzusprechen, bis der nächste Skitag erst nach Mittag beginnen konnte, blieb uns noch verwehrt.

Ein richtiger Skitag begann mit einem opulenten Frühstück. Im Skiurlaub stimmte der Spruch von der wichtigsten Mahlzeit des Tages, der uns während der Schulzeit das flaue Gefühl im Magen nicht nehmen konnte. Wir aßen, was wir kriegen konnten. Eier in allen Zubereitungsformen und dazu frische, aber meist zähe Semmeln. Marmelade war entweder sehr orange oder sehr rot, sehr süß, und in ihr war kein einziges Fruchtstückchen zu finden. Manchmal sehnen wir uns heute noch nach dieser durch und durch künstlichen Marmelade, während uns ein Cranberry-Wacholder-Weichsel-Aufstrich mit ganzen Fruchtstücken und garantiert ohne Geschmacksverstärker serviert wird.

Der Zeit nach dem Skifahren kam große Bedeutung zu, weil es einen großen Teil des Tages betraf. Denn selbst wenn wir die

Liftkarten ausgefahren, die Punktekarte bis auf den letzten Punkt ausgequetscht und mit der letzten Gondelbergfahrt noch einmal ganz hinauf gefahren waren: Es blieb noch jede Menge Tag übrig. Wo heute in jedem Hotel ein Wellnessbereich auf seine Gäste wartet, mussten wir uns, wenn überhaupt, mit dem örtlichen Hallenbad behelfen. Manchmal zogen wir, während sich die Eltern vor dem Abendessen noch einmal hingelegt hatten, unsere Moonboots an – das glatte Gegenteil von Skischuhen, warm und weich und unendlich bequem und noch nicht von Hansi Hinterseer unmöglich gemacht – und spazierten in der Dämmerung durch den Ort. Wir kletterten in den hohen Schneehaufen, die von riesigen Baggern den Winter über aufgetürmt worden waren, um Straßen und Parkplätze freizubekommen. Doch die eigentliche Faszination unserer Skiferienabende lag unter der Erde. Dort war so gut wie immer der Skikeller untergebracht. Da wurden abends noch von fachkundigen Einheimischen die Ski gewachst, von einem alten Bügeleisen tropfte da rosafarbenes oder gelbes Wachs auf die Skier – den Geruch haben wir noch heute in der Nase. Manchmal durften wir beim Abziehen helfen. Und schauten dann noch einmal zu, wie der Besitzer des Hotels die Kanten der Skier schliff. Vor dem alles entscheidenden Abschlussrennen des Skikurses wurde unseren Skiern diese Spezialbehandlung auch zuteil. Wir haben uns wahnsinnig schnell gefühlt, gewonnen haben wir dann trotzdem nicht.

Neben dem Skikeller gab es meist einen Aufenthaltsraum. Je nach Größe der Pension oder des Hotels standen dort nur ein paar Tische und Regale mit diversen Brett- und Kartenspielen, manchmal sogar ein Tischtennis- oder ein Billardtisch. Dort unten verbrachten wir jede freie Minute, quasi als Ausgleich zur vielen frischen Bergluft, die wir tagsüber abbekamen. Unser Highlight waren die ersten Videospielautomaten. Da gab es etwa das legendäre Teletennis, einen schwarz-weißen Fernseher, der in einen Tisch eingelassen war, mit zwei kleinen weißen Strichen, die man mit zwei Knöpfen nach links und rechts lenken konnte. Dazwischen zischte ein winziger weißer Pixelball hin und her. Wir konnten uns, selbst wenn wir nur zuschauen durften, wie andere spielten, kaum losreißen. Später dann gab es auch die ersten Pacman-Spiele, sogar schon mit verschiedenen Farben. So verbrachten wir unsere Tage wechselweise ganz weit oben oder tief unten im Keller.

Zwiebellook und Heckeinstieg

Skifahren früher, das war viel kälter. Der Wunderstoff Goretex war zwar Ende der 1970er-Jahre schon erfunden, aber es dauerte noch lange, ehe er die Sportbekleidung revolutionierte. Die Finger waren klamm in nassen Handschuhen, man fror im Skianzug, der schon nach wenigen Stürzen feucht war und nie mehr trocknete. Skifahren früher, das hieß auch, endlose Schichten an „Untendrunter" zu tragen. Wir, die Kinder der 70er, haben damals den Zwiebellook erfunden, aber der war nicht leicht und schick, es war ein Gewurschtel, kratzig, und schnürte einem die Luft ab.

Die Skischuhe waren wie Schraubstöcke. Entweder man ließ die Schnallen auf Stufe eins und rutschte im Schuh herum. Oder man zog die Schnallen an, dann war der Schmerz nach kurzer Zeit zwar vorbei, aber nur deshalb, weil wir die Füße gar nicht mehr spürten. Die Skischuhe waren noch so bockig und steif, dass man die Schnallen, wenn man sie einmal unvorsichtigerweise öffnete, weil man sich kurze Erleichterung erhoffte, nicht mehr schließen konnte. Und obwohl wir teilweise zwei Paar Skisocken übereinander trugen, froren wir uns die Zehen blau. Neidisch schauten wir auf die paar wenigen Privilegierten, die geschäumte Skischuhe trugen. Was wir nicht wussten: Wenn sich der Fuß zum Beispiel wegen einer Schwellung während eines Skiurlaubes geringfügig änderte oder es im Frühling sehr warm wurde, drückte nichts mehr als diese Luxusmaßanfertigung.

Bei den Skischuhen galt übrigens: je mehr Schnallen, desto besser. Fünf Schnallen waren zum Beispiel ähnlich attraktiv wie acht Zylinder bei einem Auto. Dann irgendwann kamen einschnallige Skischuhe mit dem sogenannten Heckeinstieg auf den Markt. Die Einschnaller waren ein Zeit lang sehr gefragt: Man konnte mit ihnen hervorragend gehen, aber mangels Halt leider nicht Ski fahren. Der sportliche Aspekt besiegte schließlich die Bequemlichkeit, die Schnallen kehrten zurück.

Auch eine andere kurzzeitig dominierende Erscheinung entpuppte sich als Eintagsfliege: die Parablacks. Vor allem Skifahrer aus dem Osten des Landes befestigten die zwei Aufsätze hinter den Skispitzen und glaubten das Versprechen, damit das Überkreuzen der Skier zu verhindern – man fuhr ja so eng wie möglich. Die Idee der Parablacks war gewinnend, leider scheiterte es an der Umsetzung. Hatte man die Skier einmal überkreuzt, blieben sie dank Parablacks für immer überkreuzt. Die Bindung war natürlich immer möglichst so eingestellt, dass sie beim nun unvermeidlichen Sturz keinesfalls aufging.

Hermann Maier statt Wolfgang Schüssel

Wie man Ski fährt, ist eine Stilfrage, somit geschmacksabhängig. Wobei – eigentlich nicht so ganz. Der Westösterreicher erkannte den Ostösterreicher auf den ersten Blick, speziell den Wintersportler aus Wien: an seinem verkrampften Bemühen, die Beine zusammenzuhalten. Der Parallelschwung war das Maß aller Dinge, aber nicht alle beherrschten ihn. Dieses Kurzschwingen um jeden Preis, egal wie Gelände und Schnee auch beschaffen waren, galt dem Pistenkönig aus dem Osten als Ausweis seiner Meisterschaft, für die Einheimischen war es ein Grund zum Lachen. Genauso wie eine Plakette vom bevorzugten Skiurlaubsort am Autoheck. Die Ost-Wedler wedelten in erster Linie mit den Schultern und dem Hintern, an den Skiern konnte man kaum mehr eine Richtungsänderung wahrnehmen. Aber auch sie lernten dazu. Nach der Jahrtausendwende haben wir diese Form des Skifahrens schließlich noch einmal gesehen, als der damalige Bundeskanzler Wolfgang Schüssel seine Wedelkünste vor der Kamera an die Wähler bringen wollte.

Auch hier müssen wir neidlos zugestehen, dass Carvingskier die Wende zum Besseren brachten und dem guten alten Riesentorlaufschwung, der immer schon der König der Schwünge war, zum Durchbruch verhalfen. Hermann Maier gilt bis heute noch als Vorbild für die Frage, wie das gute Skifahren auszusehen hat. Der Richtungsstreit wurde zugunsten von breitbeinig entschieden. Nur ein paar Verklemmte klemmen immer noch die Beine zusammen.

Unser Feind, der Snowboarder

Zum Skifahren gab es damals grundsätzlich nicht so viele Alternativen. Im Sommer ging man Rad fahren und schwimmen, im Winter rodeln und Ski fahren. Langlaufen war für uns Spazierengehen mit Skiern an den Füßen. Und mit Spazierengehen konnte man uns jagen. Sonst spielten weder die Verlockungen von Computerkonsolen noch die Alternativen von Winterurlaub in warmen Gegenden eine ernsthafte Rolle. Doch wurde uns auch auf der Piste eine wichtige Entscheidung abgenommen. Es gab nur Skier, keine Snowboards. Wo heute Kinder und Jugendliche hin- und hergerissen sind, weil sie sich nicht zwischen Skiern und Snowboards entscheiden können – und oft am Ende beides nicht ordentlich erlernen –, gab es früher keine Alternative. Die größten Exoten waren Skibob- und Telemark-Skifahrer. Aber dass wir unsere Pisten einmal mit einer völlig anderen Spezies würden teilen müssen, war für uns völlig unvorstellbar.

Als die ersten Monoskier auftauchten, amüsierten uns die ungelenken Versuche Einzelner, eine Piste zu bezwingen, ohne die Beine bewegen zu können. Noch waren wir unbesiegbar, wir ahnten nicht, dass die Snowboarder unsere Welt aus den Angeln heben würden. Alles, was wir Skifahrer an Disziplin und Ehrenkodex erlernt hatten, zogen Snowboarder mit provokanter Lässigkeit ins Lächerliche. Uns war etwa eingeimpft worden, wenn dann nur am Pistenrand zu pausieren – im Idealfall fuhr man, ohne anzuhalten, bis zum nächsten Lift – und sich niemals hinter einer Kuppe zu versammeln. Dort war nun ohnehin kein Platz mehr. Wenn den Snowboardern nach Pause war, ließen sie sich wie fette Schmeißfliegen im Schwarm bevorzugt hinter einer Kante mitten auf der Piste nieder und hatten alle Zeit der Welt.

Waren wir ausdrücklich angehalten worden, im unberührten Tiefschnee Spuren dicht an dicht zu setzen, damit auch für andere noch genug unverspurter Hang übrig blieb, pflügten die Snowboarder mit großzügigen Schwüngen quer über den Berg. Um ihn zu markieren, meinten wir und hassten die demonstrative Individualität, die sie unserer Angepasstheit entgegensetzten. Mit den Snowboardern hielt eine Rücksichtslosigkeit, aber auch Unbeschwertheit auf den Bergen Einzug, die beide für uns dort nichts zu suchen hatten. Dennoch beneideten wir sie insgeheim, den Berg so unbekümmert für sich allein zu beanspruchen. Und besser angezogen waren sie obendrein.

Völkl fährt man nicht

So wie ein Franzose heute noch Erklärungsbedarf hat, wenn er ein Auto aus nicht französischer Produktion fährt, mussten es für uns natürlich österreichische Skier sein. Die Devise: Einen Völkl fährt man nicht. Niemals. Den fuhren deutsche Touristen, die sich schlecht benahmen und noch schlechter Ski fuhren. Auch ein Rossignol-Ski war völlig ausgeschlossen. Doch auch heimische Fabrikate signalisierten strenge Fraktionszugehörigkeit. Ein Kästle war ein Skilehrerski (den konnte man nur fahren, wenn man gut genug war), Fischer, Blizzard und Atomic so unterschiedlich wie die Weltreligionen. Und Kneissl blieb immer abgeschlagen. Nur als Franz Klammer mit Kneissl Rennen gewann, kam so manches Weltbild ins Wanken.

Das Material war wichtig. Und es musste uns gehören. Dass ein Leihski auch Vorteile mit sich bringen könnte, hatte sich noch nicht herumgesprochen. Skiausleihen war etwas für Gelegenheitssportler. Wir wünschten uns eine neue Ausrüstung zu Weihnachten und hatten ganz genaue Vorstellungen, welches Produkt es zu sein hatte. Ein Ski musste grundsätzlich möglichst hart und lang sein. Je besser der Fahrer, desto größer die Differenz zwischen Körper- und Skilänge. Jeder Schwung wollte erkämpft sein. Noch immer fühlen wir uns ein bisschen lächerlich, wenn ein Carvingski fünf Zentimeter unter unserem Kinn endet.

Auch die Wahl der Bindung war ein Offenbarungseid. Es gab zwei gängige Modelle: Salomon oder Tyrolia. Während man in die Salomonbindung einfach hineinsteigen konnte, musste man die Tyroliabindung, bevor man mit dem Skischuh hineinsteigen konnte, noch einmal fixieren, dabei gab es eine Variante für den wahren Kenner: die Markerbindung. Unsere Bindung an die Lieblingsmarke hält bis heute an.

Aus der Jethose ins Schneehemd

Das Outfit auf der Piste war natürlich wichtig. Grundsätzlich gab es zwei Skimoden-Philosophien. Die eine war eher am Rennsport orientiert. Man trug eine Jethose, eng anliegend, oft mit gepolsterten Knien und straffen Hosenträgern, die gar nicht notwendig gewesen wären, weil ohnehin nichts mehr rutschen konnte. Oben herum kombinierte man dazu in kalten Monaten einen Anorak, den Osterskilauf bestritt man in Pullover und Jethose, was als besonders schick galt. Zur Jethose passten gut Rennhandschuhe, die ein bisschen höher hinaufreichten als bis zum Handgelenk. Sie waren gepolstert, um sich nicht an den Stangen zu verletzen – obwohl wir natürlich nicht zwischen Stangen fuhren. Zum Rennoutfit gehörten eine Zeit lang auch gebogene Stöcke, die man in der Hocke besonders aerodynamisch unter die Arme klemmen konnte. Zum normalen Skifahren bewährten sie sich allerdings kaum.

Das Gegenstück zur Jethosen-Fraktion waren diejenigen, die auf den Overall schworen. Der Einteiler hatte gegenüber der Hosen-Anorak-Kombination einen beträchtlichen Vorteil: Stürzte man, war kein Spalt zwischen Jacke und Hose, durch den der kalte Schnee an die Haut gelangen konnte, wo er dann langsam schmolz. Auch dem Wind am Sessellift hielt der Overall besser stand. Es gab aber auch einen nicht zu unterschätzenden Nachteil: Auf der Toilette blieb der Einteiler eine Herausforderung.

Ein Kleidungsstück schlug zu unserer Zeit aber alles andere: ein roter Schilehrer-Anorak mit dem entsprechenden Skischulabzeichen. Und noch eine Sache einte fast alle: untendrunter, aber noch über der Skiunterwäsche trug man ein Mäserleiberl. Das „M" am umgeklappten Stehkragen mit kleinem Zippverschluss passte immer, egal welcher Outfitgruppe man sich letztlich zugehörig fühlte.

Ausschließlich Skilehrer trugen Rucksäcke, für Gummibärli, Schnaps und die obligate Schaufel. Notwendige Utensilien – Sonnencreme, Schokolade, Geld – wurden im sogenannten „Wimmerl" untergebracht, einer Bauchtasche, die immer idiotisch aussah, egal ob man sie hinten oder vorne trug. Diese unentbehrliche Tasche wurde auch „Banane" genannt. Erstaunlicherweise sind Bauchtaschen, die auch bei Interrailreisen mitdurften, heute wieder im Trend.

Noch vor der Erfindung der Snowboards begann sich der starre Dresscode zu lockern. Plötzlich war es schick, in Jeans die Pisten hinunterzufahren, ein Trend, der ein paar Jahre zuvor noch undenkbar gewesen war. Wer einmal stürzte, fror sich zu Tode. Jeans zu tragen hieß also, ein garantiert sturzfreier Fahrer zu sein. Dieser Größenwahn rächte sich von allein.

Auch dünne Nylonoveralls und Schneehemden der Marke „Champion" in Neonfarben (Gelb, Grün, Pink), die man einfach über die Zivilkleidung streifte, waren eine fast unerhörte Neuerung. Heute schauen wir immer noch ein bisschen neidisch und ungläubig auf die Snowboard-Outfits. Vor allem für diese Schuhe hätten wir getötet.

Vorfahren, Frieren, Flaschendrehen

Einer der Fixpunkte im Schulkalender der 1980er-Jahre war der Schulskikurs. Von Vorarlberg bis Wien obligatorisch, von vielen herbeigesehnt, von manchen auch ein bisschen gefürchtet. Der Skiausflug mit der Schulklasse war nämlich nichts für verweichlichte Naturen. Zum einen wegen des Reisezeitpunktes. Weil Skifahren immer schon teuer war, sucht man möglichst eine Woche in der Nebensaison, vorzugsweise im saukalten Jänner oder Februar in einem abgelegenen Skigebiet, das idealerweise noch als Schneeloch verschrien war. Und während man in den Skiferien mit den Eltern bei Schlechtwetter zumindest partiell auf Gnade hoffen konnte – „Gut, heute hören wir schon zu Mittag auf und gehen noch ins Hallenbad" –, war das Nine-to-four beim Schulskikurs nicht verhandelbar.

Egal ob es schneite, nebelig war, minus 20 Grad hatte oder alles zusammen, die Gruppe brach im Morgengrauen auf. Wobei das natürlich schon auch stark vom Lehrer abhängig war, der eine Gruppe leitete. Da konnte man dem gefürchteten Sportprofessor zugeteilt werden, der allein nach 16 Uhr die Tourenski anschnallte, um sich noch ein bisserl an der frischen Luft zu bewegen (den gab es wirklich, Name den Autoren bekannt), für den jede Minute länger in der Hütte eine persönliche Niederlage war. Oder eben jene Geschichtelehrerin, die prinzipiell eher eine Anhängerin des Sonnenskilaufes war und auch der Geschichte der Hüttenkultur durchaus etwas abgewinnen konnte.

Nicht nur die Witterung, auch das Quartier war häufig nichts für schwache Nerven: Spartanische Jugendherbergen mit Sechs- bis Achtbettzimmern samt fragwürdigsten Sanitäreinrichtungen am Gang und wirklich grenzwertiger Verpflegung. Vom hygienischen

Aspekt her war es immerhin ein Riesenvorteil, dass sich jenseits der Baumgrenze und bei zweistelligen Minusgraden auch das Ungeziefer schwertat zu überleben.

Neben diesen allgemeinen Umständen, die einen Schulskikurs zur Bewährungsprobe machen konnten, kamen auch noch zwei höchstpersönliche Schicksalsentscheidungen dazu: Welcher Gruppe wirst du zugeteilt? Und in welches Zimmer kommst du? Die Zimmerbesetzung wurde schon Wochen vor dem Skikurs heftig diskutiert. Gehörte man nicht zu jenen in der Klasse, die den Ton angaben, musste man taktisch sehr genau überlegen, auf welches Zimmer man setzte. Ging man auf Nummer sicher und entschied sich für ein faderes Zimmer, das man aber dafür fix hatte? Oder ging man aufs Ganze, bewarb sich um einen Platz in einem Zimmer mit einer begehrten Partie, mit der Gefahr, plötzlich ins schlechteste Zimmer zu müssen, wenn das Topzimmer ein Sechs- statt ein Achtbettzimmer zugewiesen bekam. Von solchen Zufälligkeiten hing der Erfolg oder Misserfolg bei einem Skikurs ganz wesentlich ab.

Vor allem aber auch von der Gruppenzugehörigkeit. Doch die wurde nicht durch wochenlanges Mauscheln samt Bestechungsversuchen im Dunkeln entschieden, sondern beim sogenannten Vorfahren am helllichten Tag. Dazu musste man nach einer langen Anreise mit einem Bus gleich nach der Ankunft in voller Skimontur antreten. Da die Liftkarten aber erst ab dem nächsten Tag gültig waren, fand das Vorfahren meist auf dem Schlusshang der Talabfahrt statt, den wir zu Fuß hinaufgehen mussten. Nachdem der Lift schon abgedreht worden war, steckte dort am steilsten Stück des Hanges einer der Turnlehrer ein paar Tore aus, und wir mussten vor den Augen der Schulskikursbetreuer, aber vor allem auch vor den Augen aller Parallelklassen, die mit auf Skikurs waren, vorfahren. Und diese vier Schwünge entschieden über Leben und Tod.

Denn speziell in Westösterreich war die Zugehörigkeit zur „Ersten Gruppe" schon ziemlich wichtig für den Rang in der Hackordnung der Klasse. Hier und bei der Zimmereinteilung konnte sich also schon am ersten Tag entscheiden, ob die Skiwoche ein Flop oder ein Highlight wurde.

Dass der Skikurs nichts für Weicheier war, bewahrheitete sich meist schon am zweiten oder dritten Tag. Denn es galt, vor allem auch für weniger sportliche Mitschüler, mit den Kräften hauszuhalten. Denn in der Nacht spielte es sich in den und zwischen den Mehrbettzimmern ziemlich ab. Die Höhenluft und das straffe Tagesprogramm sorgten dafür, dass die Aufsichtspersonen fest schliefen – übrigens auch nicht immer in den eigenen Betten, was wir allerdings erst viel später erfuhren. Was uns erhebliche Freiheiten gab: Da machte mehr als eine heimlich beim ADEG gekaufte Flasche Lambrusco die Runde. Flaschendrehen gehörte danach ohnehin zum Pflichtprogramm. Und ein gängiges Burschenritual war, das Waschbecken (gerne auch vor Publikum) als Toilette zu nützen. Wie gut, dass es noch keine Smartphones gab.

Am nächsten Tag mussten wir trotz aller nächtlichen Aktivitäten pünktlich um neun Uhr auf der Piste sein. Die Müdigkeit ließ die Kälte noch kälter erscheinen.

Höhepunkt jedes Schulskikurses war der letzte Abend vor der Heimreise, der sogenannte „Bunte Abend". Da spielte jedes Zimmer einen Sketch vor, in dem sich meist über Anwesende lustig gemacht wurde. Die Lehrer wirkten zu diesem Zeitpunkt meist schon etwas geschlaucht. Danach gab es „Disco", und wer noch nicht verknallt war, war es spätestens nach dem obligaten Lied aus „La Boum". Wir dachten wirklich, es sei der schönste Abend unseres Lebens.

Single am Dreiersessellift

Skifahren im Teenageralter war das Fischen in einem Pool ungeahnter Möglichkeiten. Es war bereits ein Erfolg, es auf eine Liftfahrt mit einem unbekannten gut aussehenden Wesen zu bringen. Selbstverständlich ohne ein Wort zu wechseln.

Schon der Doppelsessellift war eine Revolution für zwischenmenschliche Kontakte, den Durchbruch aber brachte der Dreiersessellift, der Gruppen zwang, sich aufzuteilen. Darauf achtete schon der Liftwart, der herrisch und in meist unverständlichen, aber stets unfreundlichen Worten für Ordnung sorgte. So lernte man einander also kennen. Durch geschicktes Anstellen konnte man dem Schicksal durchaus nachhelfen: Das Warten wurde zu einer einzigen strategischen Annäherung an ansehnliche Objekte. Wobei schon beim Anstellen klar war, wer „lässig" war, wie das damals hieß, und wer nicht. Den coolen Skifahrer erkannte man an seiner Haltung. Es war der, der die Stöcke vorne in die Bindung steckte (zwischen Schuh und Vorderbacken) und sich unbeeindruckt vom Gedränge um ihn herum auf die unter die Achseln geklemmten Griffe lehnte. Gegen diesen Typ hatten es alle schwer, die schon bei leichtem Gefälle ins Rutschen kamen und verzweifelt mit vielen Entschuldigungen anderer über die Skier fuhren, um sich am Ende ziemlich unwürdig an irgendeinem Pfosten festzuklammern.

Anstehende Mädchen zu taxieren war für aufs Aussehen fixierte Burschen gar nicht so einfach. Denn unter einer Anorakwolke, die fast bis zu den Knien reichte, war die Figur darunter nur schwer auszumachen. Und nicht einmal, ob das Gesicht den Schönheitsanforderungen entsprach, ließ sich wegen monströser Hauben und unförmiger Skibrillen verlässlich sagen. So haben wir unsere blauen Wunder erlebt: Da schälten sich aus entstellenden Daunenhaufen zarte Schönheiten heraus, umgekehrt waren gute Skifahrerinnen, die uns auf der Piste begehrenswert erschienen waren, in Zivilkleidung plötzlich völlig entzaubert.

Wenn man sich schon kannte, begann das Was-sich-liebt-das-neckt-sich-Spiel am Skilift. Man zog sich an den Hauben, rutschte einander näher: Natürlich ging es vor allem um das Herstellen von Körperkontakt. Schaffte man es am Sessellift zwar nicht neben die Richtige, aber zumindest auf den Sessel davor, konnte man sich während der ganzen Fahrt umdrehen, nach hinten schauen und rufen. Die Objekte der Begierde waren so für zumindest die Dauer der Fahrt rettungslos ausgeliefert.

Der Schlepplift bot ganz andere Möglichkeiten. Ein besonders perfider Streich war Burschen vorbehalten: Man öffnete unbemerkt das Schnapperl der Tyrolia-Bindung, kurz bevor das Opfer den Schlepplift bestieg. Ging dann der Bügel auf Zug, öffnete sich die Bindung und der Betreffende wurde aus der Spur katapultiert. Danach musste meist der Lift kurz abgeschaltet werden, da das Opfer mitten im Einstiegsbereich zu liegen kam. Es wurde viel gelacht und viel geschimpft. Der Liftwart drohte, uns den Skipass abzunehmen.

Beim Schleppliftfahren gab es eine Reihe von Methoden, den Mädchen zu imponieren. Wir verließen die Spur, um uns durch den Tiefschnee schleppen zu lassen, öffneten einander die Bindung oder zogen freiwillig einen Ski aus, um uns danach publikumswirksam gegen das Hinausfallen zu wehren. Es gab auch eine Brachialmethode, um Kontakt zu knüpfen. Man ließ sich absichtlich fallen, wartete neben der Spur und versuchte, als Dritter an einem „Mädchenbügel" mitzufahren. Was fast immer mit dem Ausfall von allen dreien endete. Diese Methode führte aber eher nicht zu irgendeinem nennenswerten Ergebnis.

Für das Ausgehen am Abend waren wir noch zu jung. Es wurden Nummern ausgetauscht – natürlich Festnetz, oft stimmten sie nicht. Nur in den seltensten Fällen traf man sich in Zivilkleidung im Zivilleben wieder. Die Erinnerung an kalte Küsse hoch oben auf dem Sessellift schien dann wie aus einer anderen Welt. Das Fördervolumen der Lifte ist im Lauf der Jahre immer größer geworden. Am Sechsersessellift will sich niemand mehr küssen. Und beim Anstellen haben alle ihre Handys in der Hand. Und keine Augen für die anderen.

Skifahren, das war auch ein Fernsehsport

In der Welt, von der wir erzählen, gab es noch strenge Tabus. Damit sind nicht nur die moralisch-sexuellen gemeint. Tabus lauerten noch hinter jeder Ecke. Ein großes Tabu war das Fernsehen untertags. Nur im Krankheitsfall durfte der Fernsehapparat schon am Vormittag eingeschaltet werden. Da gab es die mittlerweile zum Kult gewordenen Sprachkurse, und die Physiognomie der Russischlehrerin prägte eine ganze Bubengeneration. Danach kam der klassische Vormittagsfilm. Er brachte uns Kindern neben dem Nuscheln von Hans Moser auch Wesentliches bei. Etwa dass Heimatliebe viel mit Singen und noch viel mehr mit blühenden Bäumen und großen Dekolletés zu tun hatte. Oder dass es keinen stärkeren Mann als Bud Spencer gab. Nur bei ihm klatschten Ohrfeigen richtig laut und brachen Sessel krachend auseinander. Wir versuchten, ebenso schallende Watschen zu verteilen, bevorzugt an jüngere Geschwister, scheiterten aber trotz vieler Versuche am gewünschten Sound. Heute bringen Toneffekte keine Kinder mehr aus dem Häuschen.

Dank der Elvis-Presley-Filme lernten wir eine Sehnsucht kennen, die wir später als Fernweh benennen konnten. Und Sissi war für die Mädchen unter uns die Prinzessin, die man selbst so gerne gewesen wäre. Der Vormittagsfilm half angeblich beim Gesundwerden, aber auch der Mutter beim Durchschnaufen. Damals wurde streng darauf geachtet, dass die fieberfreien Tage (mindestens zwei) eingehalten wurden, bevor wir wieder in die Schule durften. Unseren Kindern gönnen wir das heute nicht mehr.

Im Normalfall durfte der Fernsehapparat frühestens um 17 Uhr eingeschaltet werden. Was prinzipiell auch nicht so schwierig war, da es ohnehin nur zwei Sender gab. Welche Auswahl uns später zur

Verfügung stehen und dass es einmal eine Fernbedienung geben würde, konnten wir noch nicht ahnen. Es wurde manuell umgeschaltet, wobei diese bedeutsame Handlung nicht von allen Familienmitgliedern gleichberechtigt gesetzt werden durfte.

Kinderprogramm lief nur am sogenannten Vorabend. Die schlimmste vorstellbare Form des verbotenen Tagsüber-Fernsehens war das Fernsehen während des Essens. Ein sogenannter „Fernsehfraß" war schon abends eine riesengroße Ausnahme. Und wurde vor allem dann praktiziert, wenn der Herr des Hauses – auch so etwas war noch gang und gäbe –, dieses verlassen hatte. Zum Beispiel für einen Abendtermin oder eine Dienstreise. Dann erlaubten es die Mütter, ganz ausnahmsweise das Abendessen vor den Fernsehapparat zu verlegen. „Wickie und die starken Männer", „Biene Maja" und „Heidi" liefen da zum Beispiel oder „Mein Onkel vom Mars" und „Mondbasis Alpha 1", wenn wir am niedrigen Tisch vor der Sitzgruppe unser Abendessen einnehmen durften. Auch wenn sich Fernsehen seit damals revolutioniert hat: Das meiste, was wir damals sahen, läuft heute immer noch. Auch unsere Kinder lieben Maja. Und hassen das Fräulein Rottenmeier.

Doch wurde ein Skirennen im Fernsehen übertragen, war auf einmal alles anders. Plötzlich war es der ganzen Familie erlaubt, beim Mittagessen – die Skiübertragungen liefen meistens zu Mittag – vom Esstisch aus zum Fernseher zu schauen. Denn das Skifahren war auch als Fernsehsport ein Volkssport. Die Kommentatoren des öffentlich-rechtlichen Fernsehens waren Teil der Familie. Über Jahrzehnte hinweg wurden die Rennen von denselben Reportern begleitet, die regelmäßig die Fassung verloren. Entweder wegen eines überraschenden Erfolges oder einer schmerzhaften Niederlage. Journalistische Ansprüche gab es keine. Nationalismus und Emotionen beherrschten die Skiübertragungen.

So wie die Deutschen damals für uns in allen anderen Bereichen der (kaum bezwingbare) Konkurrent waren, stellten im Skisport die Schweizer den Gegenpol dar. Eine Niederlage war dann nur halb so wild, wenn auch kein Eidgenosse auf dem Stockerl stand. Und ein Sieg war doppelt so schön, wenn kein Schweizer unter den besten Zehn platziert war. Das absolut Schrecklichste war ein Schweizer Abfahrtssieg auf der Streif in Kitzbühel. Oder – Gott bewahre – ein Schweizer Abfahrtsolympiasieger.

Die Abfahrtsrennen der Herren (überdrehte Disziplinen wie Super-G oder Super-Kombi gab es selbstverständlich noch nicht) auf den klassischen Abfahrtsstrecken warfen schon Tage vorher mit diversen Trainingsläufen ihre Schatten voraus. Wenn dann unsere Skihelden im Starthaus standen, um sich über die Kamelbuckel in Gröden zu schmeißen, im Ziel-S in Wengen noch einmal alles zu geben, obwohl die Oberschenkel sicher schon blau waren, oder – am Höhepunkt der Saison – die Streif zu bezwingen, durfte der Fernseher auch am helllichten Tag laufen. Einige Zeitungen hatten Startlisten abgedruckt, in die man die Zeiten eintragen konnte.

Vor allem das Rennwochenende von Kitzbühel, wenn zwischen Mausefalle, Ausfahrt Steilhang, Haneggschuss, Hausbergkante und Zielschuss für ein weiteres Jahr über das Selbstbewusstsein einer ganzen Nation entschieden wurde, war ein Pflichttermin. Da saßen wir alle um den Mittagstisch und starrten gebannt auf die Bilder, wir hielten unseren Atem an, wenn einer unsere Favoriten mit Verspätung bei der Zwischenzeit auftauchte, und rissen mit den Zuschauern im Ziel und mit der überschlagenden Stimme des Kommentators im Ohr die Arme in die Höhe, wenn neben der Schlusszeit ein Einser auftauchte. Schließlich ging es um alles.

Generation Girardelli

Anders als allgemein angenommen war Österreich in unseren Kindertagen keinesfalls die von Siegen verwöhnte Skisupermacht, wie viele meinen. Natürlich gab es Franz Klammers Husarenfahrten auf der Streif, und vor allem sein Abfahrtsolympiagold am heimischen Patscherkofel überstrahlte in der Erinnerung vieles. Auch die unerreichte Annemarie Moser-Pröll tat das Ihre. Doch die Realität war eine andere. Zum einen waren Damenrennen eben nur Damenrennen, wie wir bedauernd feststellten, sie galten bestenfalls als Pausenfüller. Und zum anderen wuchsen wir in einer Zeit auf, in der die wahren Skigrößen allesamt nicht aus Österreich kamen.

Begonnen hatte alles mit dem schweigsamen Schweden Ingemar Stenmark, der jeden einzelnen Slalom und Riesentorlauf zu gewinnen schien. Und der sich standhaft weigerte, auch nur eine Abfahrt zu fahren, egal wie dringend er die Punkte für den Gesamtweltcup gebraucht hätte. Was seine unglaubliche Überlegenheit noch erdrückender machte.

Nach Ingemar Stenmark schickten sich dann die Schweizer an, die stärkste Skinationalmannschaft aller Zeiten zu stellen: Pirmin Zurbriggen, dieser wie Stenmark so ruhige, noble, zurückhaltende Zeitgenosse, war unser fleischgewordener Albtraum. In seinem Windschatten siegten seine Landsleute (Peter Müller, Conradin Cathomen, Urs Räber usw.) fast nach Belieben. Auch bei den Damen bildeten Vreni Schneider, Maria Walliser und Michaela Figini ein Team, das praktisch alles gewann, was es zu gewinnen gab.

Bei den Herren gab es noch viele Einzelkönner quer durch die Nationen, die uns das Leben schwer machten: der jugoslawische Slalomkünstler Bojan Krizai, die amerikanischen Zwillingsbrüder Phil und Steve Mahre, der Luxemburger Andreas Wenzel (und natürlich seine Schwester Hanni) und sein Landsmann Paul Frömmelt, die Italiener Piero Groß und Gustav Thöni. Dennoch war der stärkste und kompletteste Skifahrer dieser Zeit eigentlich ein Österreicher. Natürlich, wäre man fast versucht zu sagen. Doch immer wenn dieser Österreicher, ein Vorarlberger, um genauer zu sein, über mehr als ein Jahrzehnt alle nur möglichen Disziplinen im Skiweltcup und bei Olympischen Spielen und Weltmeisterschaften bestritt und auch gewann, war hinter seinem Namen das grausame Kürzel „Lux" zu lesen.

Marc Girardelli hatte sich nach einem Streit mit dem ÖSV dem Luxemburger Skiverband angeschlossen. Und so mussten wir mit den bemühten, aber glücklosen (und heute weitgehend vergessenen) Allroundern Hubert „Hubsi" Strolz und Günther Mader Jahr für Jahr vergeblich auf den Gewinn der wichtigsten Trophäe im Skisport für Österreich hoffen: den Gewinn des Gesamtweltcups. Marc Girardelli gewann diese Trophäe übrigens fünf Mal.

Das sollte während unserer gesamten Kindheit und Jugend allerdings keinem Österreicher mehr gelingen. Der Sieg von Karl Schranz in der Saison 1969/70 hatte sich vor unserer Geburt ereignet. Erst Hermann Maier gelang es knapp vor der Jahrtausendwende, diesen Fluch zu brechen. Er erzählte die Geschichte von Marc Girardelli, die unsere Kindheit prägte, neu und mit einem Happy End. Sein Streit mit dem Skiverband endete mit seiner triumphalen Rückkehr ins rot-weiß-rote Skiteam. Danach war endlich der Bann gebrochen.

Doch während wir immer und immer wieder von unserer Fußballsternstunde 1978 in Córdoba sprechen und jedes Mal überrascht sind, wie grobkörnig und beinahe unbrauchbar die Fernsehbilder von dieser Sternstunde sind, ist ein schwarzes Jahr unserer Jugend wenig präsent. Die Ski-WM 1987 in Crans Montana. Damals führten die Schweizer mit Pirmin Zurbriggen und Vreni Schneider an der Spitze bei ihrer Heim-Weltmeisterschaft uns Österreicher in einer Art vor, die uns bis heute in den Knochen sitzt, aber keine Überraschung war, um ehrlich zu sein: Schon drei Jahre zuvor war bei den Olympischen Spielen von Sarajevo eine Bronzemedaille in der Abfahrt von Jimmy Steiner die inakzeptabel magere Ausbeute für Österreich.

Deshalb müssen wir hier einen gängigen Irrtum richtigstellen: Was unsere Generation angeht, kommt der lebenslange Knacks im Selbstvertrauen, was österreichische Erfolge als Sportnation angeht, nicht nur vom schlecht beleumundeten Fußball – wir hatten Hans Krankl, Herbert Prohaska und Friedl Koncilia, was will man mehr? –, sondern auch vom angeblich so erfolgreichen Skisport.

Grado oder Obergurgel

Wann der Winter begann, stand für uns fest, und das hatte überhaupt nichts mit irgendeinem Datum zu tun. Er begann mit dem ersten Schnee. Der konnte schon an einem Novembertag in dicken Flocken daherkommen und alles zumindest für ein paar Stunden anzuckern. Wir liefen dann ins Freie und versuchten aus der dünnen Schneeschicht zumindest Schneebälle für eine kleine Schlacht zusammenzukratzen.

Der erste Schnee konnte sich aber auch bis Jänner Zeit lassen und sich erst nach den sprichwörtlichen grünen Weihnachten fast unbemerkt einstellen. Dabei machte uns die stillste Zeit im Jahr ohne winterliches Weiß viel weniger aus als den stimmungsabhängigen Erwachsenen. Dann wurde es kälter und kälter, alles war zunächst mit Reif überzogen, nach und nach sorgten winzige Flocken dafür, dass irgendwann plötzlich Schnee über dem Rollsplit der Streufahrzeuge lag.

Während also der Winterbeginn im Extremfall bis zu drei Monaten variieren konnte, war das Winterende abrupter. Anfang März endete die Skisaison. Mangels Schneekanonen wurden in mittleren Lagen die Lifte abgedreht. Wer dann noch auf die Piste wollte, musste schon auf den Arlberg, nach Obertauern oder ganz nach hinten ins Ötztal. Doch dieser Sonnenskilauf war nichts für Kinder. Man konnte nur bis Mittag fahren, weil die Piste in der Sonne zu weich wurde. Die Eltern ließen die Mittagspause einfach in ein unendliches Sonnenbad übergehen. Und uns war immer viel zu heiß, weil wir viel zu viel anhaben mussten und nicht ohne Handschuhe und Haube fahren durften. Auch das Firngleiten (auch „Figln" genannt) konnte trotz der Attraktion ultrakurzer Ski all diese Nachteile nicht aufwiegen.

An der Schnittstelle zum Frühling stand Ostern, dieses Phantom unter den Festen im Jahreskreis. An einem frühen Ostertermin konnte es vorkommen, dass am Karsamstagabend im Garten versteckte Osternester am Ostersonntag unter einer Schneedecke begraben und damit wenigstens wirklich gut versteckt waren. Späte Ostern waren dagegen ein Frühlingsfest durch und durch. Kurze Leiberl, barfuß, Osterfrühstück im Freien. Deshalb haben wir zu Ostern bis heute keine wirklich schlüssigen Bilder im Kopf.

Da es diejenigen gibt, die den Winter nicht so gerne mögen, aber nicht erwarten können, bis es wirklich warm wird, sorgt die Oster-Diskussion „noch nach Obergurgel oder schon nach Grado" bis heute zu unlösbaren Familienkonflikten. Man kann es sich aussuchen: auf den Bergen schwitzen oder am Meer frieren. Alle sind eh nie zufrieden.

Frühling

FRÜHLINGSERWACHEN,
BITTE WARTEN

Der Frühling war da, wenn man in der Früh beim Fortgehen fror und auf dem Heimweg nach der Schule verglühte. Die Jacke vergaß man gern in der Garderobe und bereute es frierend am nächsten Morgen. Im Frühling war vieles zum Greifen nah, aber man kam noch nicht ganz hin. Kinder durften wieder auf den Spielplatz, sollten aber noch nicht in die Sandkiste. Man durfte die Hosen aufkrempeln, aber noch nicht barfuß gehen. Wenn es schön war, ging sicher ein kühler Wind, und man musste etwas überziehen, weil den Eltern kalt war. Die bewegten sich auch nicht.

Frühling blieb auch später eine widersprüchliche Zeit. Verheißungsvoll einerseits, weil wieder mehr Haut zu sehen war, weil Freiheit in der Luft lag, die Feiertage sich häuften. Einengend andererseits, weil man sich nicht mehr mit Hinblick auf das nächste Semester über die eigene Faulheit hinwegschwindeln konnte. Der Frühling versprach viel, hielt aber nicht alles. Er war kalt-warm.

So fühlt sich auch unser Heranwachsen in den 1970er- und 1980er-Jahren an. Aus heutiger Sicht gaben uns diese Jahre auch warm-kalt. Eine ziemlich unbeschwerte Kindheit ging in eine Jugend über, in der die heile Welt plötzlich Risse bekam. Bis Anfang der 1980er-Jahre umgab uns eine selbstverständliche Sorglosigkeit. Der Kalte Krieg mit seinem Wettrüsten, unterbrochen nur von regelmäßigen Gipfeltreffen zwischen dem amerikanischen Präsidenten und dem sowjetischen Staatschef, die in der rituellen

Unterzeichnung von Abrüstungsverträgen mündeten, bildeten einen stabilen Rahmen für unsere Entwicklung. Ein Schwarz-Weiß-Raster, der uns Orientierung gab, ohne als ernsthafte Bedrohung wahrgenommen zu werden.

Das Ende des Zweiten Weltkriegs war ewig weit weg, und alle, die dabei gewesen waren, versuchten diesen Eindruck nach Kräften zu verstärken. Um uns herum sorgten ältere Männer (und eine Frau) für Kontinuität. In Österreich waren es Bruno Kreisky, Kardinal König und Herbert von Karajan, außerhalb Papst Johannes Paul II., Helmut Kohl und Margaret Thatcher. Jenseits des Eisernen Vorhangs hatten auch ältere Männer das Sagen. Nur lächelten die nie, trugen schlecht sitzende graue Anzüge oder Fantasieuniformen und nahmen Militärparaden ab.

Im neutralen Österreich war alles sehr beschaulich, die 68er-Bewegung war nur sehr peripher in die Gesellschaft eingedrungen. Das mit der Neutralität war wie mit der Dreifaltigkeit: Richtig verstanden haben wir sie nie, aber wir wurden dazu angehalten, daran zu glauben. Nach den Jahren der Kriegskatastrophen und des Aufbaus begannen alle rund um uns herum, wieder Vertrauen in ein normales freundliches Leben zu haben.

Vater-Mutter-Kind war das vorherrschende Ideal. Kinder hatten einen festen Platz im Gefüge. Sie waren in der Theorie zwar sinnstiftender Mittelpunkt und Ausweis eines gelungenen Lebens, in der Realität hatten sie aber im Wesentlichen zu funktionieren. Es war eine auf die Erwachsenen ausgerichtete Erwachsenenwelt, an deren Rändern wir es uns recht gemütlich machen konnten, solange wir nur „brav" waren. „Brav-Sein" hieß, den Ablauf nicht stören. Es gab klare Regeln: Türen mussten geschlossen werden, auf Sesseln durfte man nicht schaukeln, im Auto nicht essen, was auf den Teller kam, mussten wir aufessen, in Monaten mit R durften wir nicht barfuß gehen, auf den Holztisch kein heißes Häferl stellen, auf Kieswegen nicht durch die Steinchen pflügen, generell keine Unordnung machen, den Sender des Fernsehers nicht umschalten, die Lautstärke des Radios nicht verstellen, nichts aus dem Papierl essen, nicht mit Kugelschreiber, sondern mit Füllfeder schreiben, das Fahrrad putzen, auf die Sachen aufpassen, nicht widersprechen, bei allem und jedem um Erlaubnis fragen. Und vor allem keinen Lärm und keine Unordnung machen.

Wir fühlten uns als Kinder geliebt und gewollt, aber eben unter dem Vorbehalt dieser Regeleinhaltung. Weil sich das damals (noch weniger im Rückblick) nicht richtig angefühlt hat, geben wir unseren eigenen Kindern heute oft mehr Raum als uns selbst, unter dem ständigen Druck und dem Anspruch, ideale Bedingungen für sie schaffen zu müssen.

Niemandem würde es mehr einfallen, während der Schwangerschaft zu rauchen, Alkohol zu trinken und ungesund zu essen. Die Geburtsvorbereitung nimmt breitesten Raum ein, danach verwickeln wir uns in Glaubenskriege um die richtige Stilldauer, die Lage des Babys beim Schlafen, den Zeitpunkt und die Art des ersten Zufütterns, ob überhaupt und wenn ja die richtige Anzahl der Impfungen, die Frage, ab wann Kinderbetreuung dem Kind zumutbar ist und wie viel Zeit wir den Kindern zu widmen haben, ohne als Rabeneltern zu gelten.

Da kann man schon manchmal neidvoll an früher zurückdenken. Der richtige Zeitpunkt für Kinder war nach der Eheschließung. Während unsere Mütter im Kreißsaal waren, warteten die Väter irgendwo beim Bier auf die erlösende Nachricht. Gestillt wurde gar nicht, weil die neue synthetische Folgemilch als gesünder als Muttermilch galt, geimpft wurde, was der Arzt hergab. Fremdbetreuung gab es frühestens mit vier Jahren, was aber kein Problem war, denn Betreuungspersonen waren im familiären Umfeld (Mama, Omas, Tanten) ausreichend verfügbar.

Es herrschte eine große, ja beinahe blinde Fortschrittsgläubigkeit. Technische Geräte, wohin man schaute: Radioapparat, Fernsehapparat, Telefonapparat, Fotoapparat, Rasierapparat, Geschirrspülapparat. Das aus heutiger Sicht überflüssige Wort Apparat, das wie ein Blinddarm an diese Errungenschaften angehängt wurde, signalisierte das immer noch vorhandene Erstaunen über deren Existenz. Überhaupt wurden neue und ungewohnte Dinge gerne verlängert bzw. in sich doppelt benannt wie etwa die Jeanshose und die Spaghettinudeln.

Auch das Wort vom medizinischen Fortschritt war in aller Munde. Plötzlich wurden Herzen verpflanzt, es gab Medikamente gegen alles und auch in Krankenhäuser und Praxen zogen alle möglichen Wunderapparate ein. Man gab sich mit großem Vertrauen und wenig Nachfragen in die Hände eines Arztes. „Was die Schulmedizin heutzutage schon alles kann", war ein Stehsatz, den wir oft hörten. Unsere Urgroßeltern hatten es noch als selbstverständlich erlebt, dass nicht alle Kinder überlebten, an Tuberkulose, Keuchhusten, Lungenentzündung oder an einer simplen Grippe gestorben waren. Wir waren zuversichtlich, was unsere eigene Sterblichkeit anging (Kranksein war einfach super) und davon überzeugt, dass alles behandel- und heilbar sei. Wir bekamen ja regelmäßig Fluortabletten, Kalktabletten mit Kakaogeschmack und Sanostol.

Doch es begannen sich dunkle Gewitterwolken über uns zusammenzubrauen. Die Eltern verdrehten die Augen und sprachen mehr über uns als mit uns. Aus ihrem Mund hörten wir, wie schrecklich unsere Pubertät für alle anderen sei. Dabei nahm sie doch uns die Leichtigkeit. Wir wurden ernst, die Dinge rund um uns wurden noch ernster. Wenn gelacht wurde, dann musste es bitter klingen.

In der Musik, die wir hörten, war schon ständig von Krieg und Vietnam die Rede gewesen, aber um die Texte von Pink Floyd und The Doors wirklich zu verstehen, waren wir noch zu jung. Das änderte sich Mitte der 1980er-Jahre, als sogar Sting die Angst vor einem Nuklearkrieg thematisierte. In der Hitparade.

Viele von uns begannen sich als Pazifisten zu bezeichnen. Die Grundeinstellung speiste sich mehr oder weniger aus einem Satz: „Es gibt keinen Krieg, der gewonnen werden kann." Wir waren gegen Krieg, gegen alles, was mit „nuklear" zu tun hatte, gegen den Hunger in der Welt, gegen jedwede Unterdrückung – Bob Geldof war unser Heiliger und „We are the World" unsere Hymne – und wir stritten über Kurt Waldheim.

Neben dem Frieden in der Welt sorgten wir uns um die Umwelt: Wir hatten plötzlich den Eindruck, für unser Leben im Paradies eine riesige Hypothek aufgenommen zu haben, die wir nun lebenslang mit schlechtem Gewissen abzuzahlen hatten. Der räuberische Umgang mit unserem Planeten ließ uns verzweifeln, außer uns kümmerte sich schließlich niemand darum. Stromsparen galt als ernste Verpflichtung. Schon das Licht angedreht zu lassen hieß Mutter Erde zu gefährden. Saurer Regen und Waldsterben waren die Vokabel, die uns eine Apokalypse vorauszusagen schienen.

Die Explosion des Atomkraftwerks in Tschernobyl im April 1986 war dann quasi die Erfüllung dieser Prophezeiung. Die Reaktion darauf zeigte die Orientierungslosigkeit auch der Erwachsenen. So demonstrierten österreichische Schüler an jenem Tag auf den Straßen im strömenden Regen gegen Atomkraft, als der radioaktive Fallout über Österreich am stärksten war. Wir stellten uns also allesamt unter eine radioaktive Dusche, um gegen die Verstrahlung der Welt zu protestieren. Hätten wir das gewusst, wären wir freilich zu Hause geblieben.

Als nach Tagen endlich das Ausmaß der Katastrophe bekannt wurde, gab es niemanden, der uns Antworten geben konnte. Von einem Tag auf den anderen gab es keine Frischmilch mehr zu kaufen, im Keller stapelten sich Konserven und H-Milch. Man sprach von Jodtabletten. Männer von der Behörde gingen mit ernster Miene mit einem Geigerzähler durch den Garten und sagten, wir sollten die nächsten Tage drinnen bleiben. Wir waren aber längst keine Kinder mehr.

Doch die 1980er-Jahre brachten uns nicht nur Tschernobyl und Waldheim, sondern auch die ersten beunruhigenden Nachrichten über eine todbringende Sexseuche, das „Acquired Immunodeficiency Syndrome". Unser sexuelles Erwachen stand fortan unter keinem guten Stern. Während die Ehe auf Lebenszeit zwar nach außen hin die vorherrschende gesellschaftliche Norm war, hatten wir doch im Augenwinkel so etwas wie eine unbeschwerte Sexualität mitbekommen. Die Röcke waren kurz, die Hemden eng. Nacktheit war okay und alles weitere im Rahmen, wenn es Erwachsene aus freien Stücken taten. Doch kaum sollten wir endlich an die Reihe kommen, veränderte sich die Geschäftsgrundlage im Spiel zwischen den Geschlechtern. Vier Lettern stellten sich uns drohend in den Weg: Aids. Informationen gab es anfangs nur wenige, außer dass es sich um eine unheilbare Immunkrankheit handelte, die dann ziemlich lange ins Schwulen- und Drogeneck gestellt wurde. Angst machte sie uns trotzdem.

Für uns gestaltete sich diese ohnehin schon für sich genommen unseligste, peinlichste und schwierigste Phase des Erwachsenwerdens noch komplizierter. Alle sagten uns ständig, wir müssten aufpassen, ohne dass wir eigentlich eine genaue Vorstellung davon hatten wobei. Körperflüssigkeiten aller Art konnten potenziell gefährlich sein. Kondome, die wir bisher nur als Wasserbomben ausprobiert hatten, wurden uns plötzlich als Lebensretter verkauft. Und uns bei jeder sich bietenden Gelegenheit gratis aufgedrängt. Wir, die wir noch gar keinen Sex gehabt hatten, sollten gleich „Safer Sex" praktizieren. Und für unsere ersten Erfahrungen vielleicht unser Leben aufs Spiel setzen. Die Idee, von jedem potenziellen Partner zuerst einmal einen Aids-Test zu verlangen, steigerte auch nicht gerade die erotische Grundstimmung.

Im Schatten von GAU und Aids hielten dann alle möglichen alltäglichen Beschränkungen Einzug in unser Leben: Autos brauchten Katalysatoren, sollten möglichst wenig Benzin verbrauchen und man musste einen Gurt anlegen. Motorradfahren war nur noch mit Helm erlaubt. Raucher sollten Light-Zigaretten rauchen, jedenfalls aber Zigaretten mit Filter. Lightprodukte traten auch bei den Nahrungsmitteln ihren Siegeszug an. Es gab plötzlich tausend Gründe, sich schlecht zu fühlen, und wenn es nur der zu hohe Cholesterinspiegel war. Butter musste sich gegen Margarine rechtfertigen. Und nur Wahnwitzige aßen noch ein weiches Ei zum Frühstück.

Zwar haben sich seitdem zigmal die Meinungen darüber geändert, was gesund ist und was nicht, jedoch nicht, dass jede neue Erkenntnis äußerst dogmatisch abgehandelt wird. Der Zeigefinger, der sich Mitte der 1980er-Jahre über uns erhob, hat sich nicht wieder gesenkt.

Jugend ohne Shoppen

Als wir Kinder waren, hieß Shoppen noch Einkaufen und war nichts, was wir als Hobby bezeichnet hätten. Dazu fehlten außerhalb von größeren Städten (also Wien) wesentliche Faktoren: Es gab keine Geschäfte, in denen man einfach nur herumschauen hätte können. Und es gab immer zu wenig Taschengeld.

Internationale Ketten mit Filialstruktur waren noch selten. Für uns bedeutete alleine Einkaufen: in die Trafik gehen, zur Milchfrau, zum Bäcker, zum A & O oder ADEG. Dort kauften wir Süßigkeiten, Comics, Pickerln. Später, als wir schon im Gymnasium waren, konnten wir zwar schon ohne Begleitung in die nächste Stadt fahren, also dorthin, wo es die richtigen Geschäfte gab, unser Radius war dennoch sehr beschränkt.

Selbst Artikel unseres täglichen Bedarfs wurden damals in Geschäften angeboten, wo ein Verkaufspult den Kunden von den Produkten trennte. Schulsachen gab es zum Teil in der Trafik (Bleistift, Radiergummi, linierte Mittelquart-Hefte) oder in einem richtigen Papiergeschäft. Dieses sogenannte Fachgeschäft führte all die wunderbaren Dinge, die heute in Libro-Filialen oder großen Buchhandlungen für jedes Kind zum Angreifen herumliegen. Wir konnten sie nicht einmal anschauen: Sie waren hinter dem hohen Verkaufspult, in Vitrinen geschützt und in Kästen weggesperrt. Ein Kugelschreiber zum Beispiel musste erst von einer Verkäuferin aus einer Schachtel geholt werden, um näher begutachtet werden zu können.

Die Geschäfte hatten damals überhaupt noch die volle Kontrolle über die Waren. Da es kein Internet gab und auch keine Preisvergleichsplattformen, war man auf das Sortiment des jeweiligen Geschäfts angewiesen. Wollte man etwas anderes, wurde lange in dicken Katalogen herumgeblättert, die Ware, die man sich in der Abbildung nur schlecht vorstellen konnte, musste dann erst bestellt werden. Wenn man dem Inhaber besser bekannt war, konnte das auch nur zur Ansicht geschehen. Es dann aber nicht zu nehmen war dennoch verpönt. Weil man einander ja besser kannte.

Geschäfte waren mittags, also zwischen 12 und 15 Uhr, durchgehend geschlossen und sperrten spätestens um 18 Uhr zu. Kurz vor Ladenschluss ging man nicht einkaufen, um niemanden aufzuhalten. In Landgemeinden waren Geschäfte auch den gesamten Mittwochnachmittag geschlossen. Supermärkte durchbrachen schließlich dieses Regime.

Wohnte man in Westösterreich, fuhr man ab und zu auch über die Grenze, um in Deutschland einkaufen zu gehen. Von Salzburg aus zum Beispiel in Bad Reichenhall oder in Freilassing. Im dortigen Supermarkt fühlten wir uns wie die armen Verwandten aus dem Osten. Während es bei uns zum Beispiel nur Fruchtjoghurt in fünf ziemlich einfallslosen Geschmacksrichtungen von der jeweils örtlich ansässigen Monopol-Molkerei gab (Nöm, Tirol Milch etc.), fühlte man sich in der Bundesrepublik Deutschland wie im Schlaraffenland. Nur hatten wir uns, um dorthin zu gelangen, durch keine Grießbreimauer gegessen, sondern nur unseren Personalausweis am Grenzübergang beim kleinen deutschen Eck hergezeigt.

Vor den deutschen Kühlregalen waren wir orientierungslos, weil es so viel Angebot gab: zig Hersteller (auch aus anderen europäischen Ländern), unvorstellbar viele Geschmacksrichtungen, Milchprodukte, die wir vielleicht einmal in einem Restaurant als Nachspeise bekommen hatten. Wir kauften, was wir tragen konnten. Als zehn Jahre später die Berliner Mauer fiel, hatten wir eine ungefähre Vorstellung, wie sich die Ostdeutschen vor westdeutschen Regalen fühlen mussten.

Bei der Freizeitgestaltung ihrer Kinder kämpfen Eltern heute vor allem an zwei Fronten einen zähen und aussichtslosen Kampf. Einerseits beim Thema Bildschirm: Leg-das-Handy-weg gehört inzwischen längst zum Standardrepertoire der Erziehungsarbeit und hat Nimm-den-Finger-aus-der-Nase längst an der Spitze der Ermahnungspyramide abgelöst. Das zweite Übel, gegen das bemühte Eltern aus innerster Überzeugung vorgehen, ist das Shoppen als Freizeitbeschäftigung. Das Herumhängen in Einkaufszentren oder Fußgängerzonen, um dabei möglichst viel Zeit und Geld zu verplempern, haben die heutigen Kinder allerdings von ihren Eltern gelernt. Wir hatten ja viel nachzuholen.

Als der Bäcker nicht bloß auftaute

Die Pausen zwischen dem Einkaufen, zum Ausruhen und Essen waren für uns Kinder ohne Eltern nicht so einfach zu füllen. Zum Würstelstand gingen nur Erwachsene, genauer gesagt, Männer. Die tranken schon vor dem Mittagessen Bier aus der Dose, aßen zur Wurst Perlzwiebeln und jagten uns überhaupt einen Heidenrespekt ein. Sich beim Fleischhauer eine Wurstsemmel zu holen – im Westen führte die Leberkässemmel die Liste der beliebtesten Zwischenmahlzeiten mit beachtlichem Vorsprung an – oder eine Zimtschnecke aus der Bäckerei und auf einer Parkbank zu jausnen war die einzige Variante, bei der wir uns halbwegs wohlfühlten. In der Kleinstadt gab es noch keine Bäcker-Ketten, die Supermärkte führten weder frische Wurst noch Backwaren. Die ersten Ankerbrot-Filialen außerhalb größerer Städte kamen einer Revolution gleich.

Allerdings begann damit auch eine andere Revolution: Das langsame Ende von handgemachtem Brot und Gebäck. Denn während heute in Hunderten Filialen großer Bäckereiketten und in jedem Supermarkt von sieben in der Früh bis 20 Uhr am Abend zwar zig verschiedene Gebäck- und Brotsorten ofenfrisch angeboten werden, schmeckt dieses Brot trotzdem nicht mehr nach viel. In unserer Kindheit gab es in jeder Bäckerei nur ein paar Brotsorten und neben Semmeln, Salzstangerln und Mohnweckerln einige wenige Spezialitäten dieses Bäckers.

So erinnern wir uns beispielsweise noch heute an das Gebäck der „Wiener Bäckerei" in der Salzburger Getreidegasse und da speziell an die Leinsamenweckerln, die Hamburger und die Zuckerschnecken. Brot und Gebäck war tatsächlich gebacken und entstand nicht auf Basis irgendwelcher aufgetauter Teigrohlinge (auch im anderen

Wortsinn), die durch verschiedene Bestreuungen so tun, als wären sie noch ein paar andere Sorten. Das Schwarzbrot unserer Kindertage schmeckte auch noch nach einer Woche frisch und war nicht schon nach spätestens drei Tagen ausgetrocknet und ungenießbar. Während wir kulinarisch in vielen Bereichen Fortschritte gemacht und vor allem Alternativen zur schweren und fetten österreichischen Küche gefunden haben, hat sich die Brotkultur seit unserer Kindheit nur im Marketing verbessert.

In den klassischen Kaffeehäusern waren Jugendliche damals nicht gerne gesehen. Ohne erwachsene Begleitung war ein Besuch für unter 16-Jährige völlig unüblich. Wir hätten auch gar nicht gewusst, was wir dort hätten konsumieren sollen. Für heiße Schokolade fühlten wir uns zu alt und der kleine Braune schmeckte uns nicht. Mehr als zwanzig Jahre später sollte Starbucks die Antwort auf die Frage liefern, wie so eine ideale Anlaufstation für Halbwüchsige denn aussehen muss. Und wir Erwachsene fühlen uns dort auch sehr jugendlich.

Da wächst er noch rein

Mit Abstand am schlimmsten war das Einkaufen von Kleidung. Auch hier war von H & M, Zara und Co. noch längst keine Rede. In einer mittleren Kleinstadt gab es Kleiderbauer, Schöps und C & A. Benetton war der Gipfel der Gefühle. Eine Benetton-Filiale bestand aus einem, maximal zwei Räumen. Auch hier musste man der Verkäuferin seine Wünsche vortragen, dann wurde das entsprechende Kleidungsstück geholt. Pflichtteile von Benetton waren T-Shirts, Polos und mindestens ein dünner Wollpullover mit Rundkragen, möglichst in dunkelblau.

Wenn nicht ein plötzlicher Wachstumsschub den Plan durcheinanderbrachte, wurde zweimal im Jahr groß eingekauft: vor dem Schulbeginn und im Frühling. Dafür wurde im Glücksfall auch die nächstgrößere Stadt angesteuert oder, wohnte man im Osten, sogar eine Reise nach Wien in Erwägung gezogen: Nicht ohne die zu besuchenden Geschäfte vorab festzulegen und sehr effizient vorzugehen – einfach bloß die Auslagen konsultieren und das Warenangebot gustieren hätte zu viel Zeit gekostet.

Vor der Mutter – oder noch schlimmer: vor den Geschwistern, beiden Eltern und einer Verkäuferin – musste eine Handvoll ausgesuchter Kleidungsstücke, die oft weder in Farbe, Form, noch Größe den eigenen Vorstellungen entsprachen, probiert werden, um sich dann begutachten zu lassen. Meistens auch noch vor anderen Kunden, die sich gerne mit guten Ratschlägen einmischten. Obwohl völlig klar war, dass das Kleidungsstück zu groß war, wurde von den Begleitpersonen entschieden: „Da wächst er noch rein." Obwohl die Farbe grauenvoll war, stand sie einem angeblich hervorragend. Noch dazu war die Kleidung damals etwas vergleichsweise Kostspieliges, man musste den verhassten Pullover dann auch tatsächlich tragen. Oft auch die Geschwister, denen das gute Stück weitervererbt wurde.

Mit Gewand konnte man im Freundeskreis nicht punkten, wir waren auch alle recht ähnlich gekleidet. Allerdings gab es bestimmte Accessoires, die über Sein oder Nichtsein bestimmten. Für Mädchen im Volksschulalter und zu Beginn der Mittelschule waren das etwa die „Flöhe": Zwei unterschiedlich große bemalte Holzkügelchen an einem kurzen Schnürchen. Je mehr man davon hatte, umso besser: Man befestigte sie mit einer Sicherheitsnadel an der Schultasche oder an der Jacke. Flöhe waren wertvoller als Gold. Später waren eine kurze Zeit lang Schlüsselanhänger in Form eines Spiralkabels in Neonfarben unentbehrlich.

Endlich unter der Trockenhaube

Spätestens im Teenageralter ließen wir nicht mehr über uns bestimmen. Wir bekamen einen bestimmten Betrag zum Einkaufen, über den wir selbst verfügen durften. Natürlich nur, wenn die notwendigen Sachen vorhanden waren, die „ordentlich" zu sein hatten – vor allem T-Shirts, die den Bauch bedeckten. Madonna war die Königin, aber Nena unser Idol. Netz-T-Shirts, Nieten und zerrissene Jeans waren im normalen Leben allerdings absolut ausgeschlossen. Wir trugen Leggings, Steghosen, Jeanshemden und Oberteile mit Fledermausärmeln. 501-Jeans von Levis, bevor „stone-washed" alle Reste guten Geschmacks hinwegspülte. An Jeans mit weißen Seitenstreifen wollen wir uns gar nicht mehr erinnern. An Karottenhosen, deren Bund weit über den Nabel hinausreichte und Sakkos mit absurden Schulterpolstern auch nicht.

Damals begann der Siegeszug der „Sneakers", die damals noch Turnschuhe hießen. Sie hatten einen Klettverschluss (eine Revolution), und es war unerklärlich, wie man zuvor ohne Schuhe leben konnte, die zum Beispiel ein kleines Seitenfach mit Zipp hatten, in die man ein paar Schillinge oder wichtige Zettelchen schieben konnte. Wir trugen weiße Socken und sehnten uns nach Jogging-High-Schuhen von Adidas. Die waren teuer (799 Schilling), und nur wenige kamen in ihren Besitz.

Im Sommer trug man kurze Jeans – selbst abgeschnitten, die Fäden mussten möglichst unregelmäßig herunterhängen –, die Mädchen endlich ihre bauchfreien Tops und die Burschen T-Shirts ohne Aufdruck: ein Benetton-Logo war das höchste der Gefühle. Poloshirts aus Piquéstoff waren einer klar umrissenen Gruppe und Tennisspielern vorbehalten. Ein kleines Krokodil auf der Brust zu tragen bedeutete entweder den Ausschluss aus allen sozialen

Kreisen, zu denen man gehören wollte. Oder war umgekehrt die Eintrittskarte zu einem begehrten Zirkel.

Für Mädchen führte kein Weg an der Dauerwelle vorbei. Wir bettelten so lange, bis wir endlich mit kleinen Wicklern unter der Trockenhaube beim Friseur saßen. Wir fanden uns unglaublich schön. Allerdings nur anfangs: Es dauerte quälend lange, bis die Dauerwelle endlich wieder herausgewachsen war. Für viele, die nicht so lange warten wollten, bedeutete es das Ende der langen Haare.

Ebenso einprägsam war der Vorne-kurz-hinten-lang-Haarschnitt bei Burschen, gerne auch mit mehrfärbigen Mèchen verschönert. Als sehr cool galt es auch, eine Haarsträhne im Nacken lang zu lassen und zu einem Zöpfchen zu flechten. Diese Mode ging rasch in den Zottellook über: Viele Heranwachsende ließen auch ihr Haar heranwachsen und banden es zum Pferdeschwanz zusammen. Die Erfindung des Haargels sorgte schließlich für einen neuen Kurzhaar-Trend. Wir rochen glücklich an dem zitternden Gelee in der Dose und denken bis heute zuerst an L'Oréal, wenn wir rechteckige Flächen in Grundfarben in einem schwarzen Raster sehen. Und dann erst an Piet Mondrian. Mit dem Haargel begann das „Herrichten", das heute Styling heißt. Endlich waren wir Geschmacksverirrte dort angekommen, wo wir eigentlich schon immer hingewollt hatten: am Gipfel der Coolness.

Musik kam aus dem Radio

Noch begehrenswerter als Textilien war aber Musik. Unsere Möglichkeiten waren ziemlich beschränkt: Musikkassetten und Schallplatten waren teuer. Abgesehen davon besaß kaum jemand einen eigenen Plattenspieler, und jener der Eltern war heilig. Kinder, so war die einhellige Meinung, konnten mit der filigranen Technik nicht umgehen und würden die Vinylscheiben nicht mit gebotener Ehrfurcht behandeln. Eine Schallplatte musste behutsam aus der Papierinnenhülle gezogen werden, durfte nur am alleräußersten Rand berührt, mit dem faszinierend weichen Plattenbürstchen zärtlich abgewischt und dann sacht auf den Plattenteller gelegt werden. Die Nadel wurde händisch abgesenkt. Alles feinmotorische Fähigkeiten, die uns abgesprochen wurden.

Daher mussten wir heimlich an ihnen feilen. Kein Wunder, dass sich die Nadel dann ein wenig zu flott senkte, wenn doch die Hände vor Aufregung zitterten. So entstanden einige unschöne Kratzer, die unsere Eltern in größere Verzweiflung stürzten, als es ein Kratzer im Autolack jemals vermocht hätte.

Was die Musik anlangte, gab es zwei Sorten Eltern: jene, die moderne Musik hörten – ja, so hieß das damals noch –, und jene, bei denen das, was man Musik nennen konnte, mit der Klassik endete. Die Musik der modernen Eltern mochten wir: Da gab es die Beatles und Rolling Stones, Rod Stewart, aber auch Neil Diamond, Janis Joplin, Creedence Clearwater Revival, Bob Dylan und natürlich Elvis Presley.

Mit den Klassik-Eltern war es deutlich komplizierter. Denn die lehnten moderne Musik grundsätzlich ab. Das führte dazu, dass im Autoradio entweder immer Ö1 lief und man dazu schweigen musste – Klassik war angeblich nicht hintergrundtauglich. Ö3 lief nur wegen der Nachrichten oder des Verkehrsfunks, kaum kam Musik, also das, was wir darunter verstanden, wurde entsetzt abgedreht. Klassik-Eltern empfanden unsere Musik als Lärm und kämpften gegen diesen Lärm auch im öffentlichen Raum unverdrossen an. Besuchte man ein Gasthaus, in dem Musik lief, baten Klassik-Eltern freundlich, aber bestimmt, den „Lärm" ab- oder zumindest leiser zu drehen. Geschäfte, in denen Musik lief, wurden gemieden. Damals haben wir über unsere Klassik-Eltern die Augen verdreht, heute ertappen wir uns manchmal dabei, wie wir selber Lokale mit Musik großräumig umgehen.

Die Großeltern hatten zum Radio ein noch größeres Naheverhältnis als die Eltern, wobei es ihnen dabei nicht um die Musik, sondern vor allem um den Text ging. Sie konnten stundenlang konzentriert zuhören. Bei ihnen lernten wir auch den dritten verfügbaren Sender neben Ö1 und Ö3 kennen: Ö Regional. Ein Schatzkästchen voller Schlager und beruhigender Geschichten, die von einer heilen Welt handelten.

Über Ö Regional entdeckten wir früh die Liebe zum Schlager, um uns später empört davon zu distanzieren. Schlager erzählten Geschichten voll Tragik und tiefen Gefühlen und vermochten es, unsere Kinderseelen zu berühren. Egal, ob es sich dabei um den Bergarbeiter drehte, der schwarzes Gold förderte, während sich seine vernachlässigte Frau in den Schlaf weinte (Peter Alexander), oder um ein Mädchen, das rettungslos in den Lehrer verliebt war (Christian Anders) – wir litten mit. In gewisser Weise lieferten diese Schlager das, was heute sogenannte TV-Soaps erledigen: kleine, in sich geschlossene Geschichten, in denen es immer um Elementares geht – Liebe, Sehnsucht, Treue und Verrat.

Hitparade und Bandsalat

Vom Pathos der Schlager befreite uns der fröhliche bunte Synthie-Pop der 1980er-Jahre: Was für eine Kehrtwende! Gleichzeitig entstand eine tiefe Kluft zu unseren Eltern, die sprachlos unsere Limahl-Poster anstarrten und Duran Duran für Drogendealer hielten. Wer welchen Star als den größten empfand, war selbstverständlich Geschmackssache. Bis Michael Jackson kam. Was am Anfang noch ausschaute wie ein Duell mit Prince um die Vormachtstellung als größter lebender Popstar – auf der anderen Seite kämpfte Madonna mit Whitney Houston um diesen Titel –, war bald etwas ganz Unerreichbares. Michael Jackson war spätestens 1989, als er von Liz Taylor „King of Pop, Rock and Soul" tituliert wurde, schlicht der größte Star, den diese Erde je gesehen hatte. Gut, es gab Elvis, bei dem sich in unserer Kindheit übrigens allgemein noch hartnäckig die Überzeugung hielt, dass er noch irgendwo im Geheimen lebte, die Beatles, James Dean, Marlon Brando und JFK. Aber Michael Jackson schaffte es für ein paar Jahre, global als so etwas wie ein Fabelwesen zu gelten, wie es niemand mehr vor und nach ihm schaffte. Zumindest kam es uns damals so vor.

Ab sofort mussten wir musiktechnisch unsere eigenen Wege gehen. Dazu brauchten wir einen Kassettenrekorder, ein Überspielkabel und ein halbwegs taugliches Radio. Vor allem bei der sonntäglichen Hitparade, beim abendlichen „Treffpunkt Ö3" und bei der Übertragung der American Top 40 mit Casey Kasem („Hits from Coast to Coast") saßen wir gebannt vor dem Radio, den Finger stets in Alarmbereitschaft auf der Aufnahmetaste.

Von Casey Kasem haben wir viel mehr Englisch gelernt als in der gesamten Schulzeit zusammen. Die „Long distance dedication", bei der es immer durch tragische Umstände getrennte Menschen gab, die dem Abwesenden ein Lied widmeten, füllte die Leere, die der Abschied von der Welt des Schlagers in uns hinterlassen hatte. Das Leben da draußen, lernten wir, war voll von unerfüllter Liebe und dramatischen Ereignissen. Dorthin wollten wir auch, möglichst rasch.

Zuvor aber musste man im richtigen Moment auf „Rec" drücken – und vor allem rechtzeitig wieder auf die Pausetaste. Denn in jedes Lied wurde reingeredet. Musik auszuspielen war nicht vorgesehen. Man musste sich entscheiden: entweder das Lied abrupt abquetschen oder ein paar Silben des Moderators in Kauf nehmen. Das war auf jeden Fall eine ernste Knochenarbeit.

Umso bedeutsamer war es, eine selbst aufgenommene Kassette herzuschenken – oder eine zu bekommen: Hier hatte sich jemand richtig viel Mühe gemacht und wollte damit auch etwas ausdrücken. Da auch die Reihenfolge der Lieder von Bedeutung war, musste man für die richtige Mischung einer Kassette mitunter wochenlang vor dem Radio ausharren. Mit dieser Art von Liebesbeweis kann heute nicht viel mithalten. Vielleicht auch ein Grund dafür, warum in vielen Haushalten noch immer kistenweise alte Kassetten lagern. Sie wegzuwerfen heißt auch ein großes Stück emotionaler Vergangenheit für immer zu entsorgen.

Kassettenrekorder hatten eine teuflische Schwäche: Aus ungeklärten Gründen konnte es zu einem Bandsalat kommen. Meistens traf es die viel abgespielten Lieblingskassetten. Sobald man die seltsam verzerrten Töne zu hören bekam, war es schon zu spät. Im besten Fall konnte man das zerknitterte und eingeklemmte Tonband vorsichtig lösen und wieder aufspulen. War das Band abgerissen, kitteten wir es mit Tixo – dann fehlten zwar ein paar Takte, das war bei der Aufnahmequalität auch schon egal –, aber die Tage dieser Kassette waren gezählt.

Das Doppelkassettendeck, mit dem man Kassetten kopieren konnte, kam einer Revolution gleich. Aber nichts änderte unser Audio-Leben so dramatisch wie die Erfindung des Walkman von Sony. Sony war das, was Apple heute ist. Stylisch, cool und der Konkurrenz um Meilen voraus. Der Walkman war Sonys iPod, doch auch die Stereoanlagen und Fernseher waren, was unser Herz begehrte. Noch heute, wo Sony längst seinen Existenzkampf gegen die Konkurrenz aufzunehmen hat, ertappen wir uns dabei, dass wir, wenn wir es uns aussuchen können, Sony bevorzugen.

Mit dem Walkman konnten wir die Musik endlich immer bei uns haben – und auch ganz allein anhören, so laut, wie es uns passte. Die Pubertät konnte kommen, wir hatten alles, was wir brauchten. Dachten wir.

Die Bedeutung des Telefons

Das Telefon war Sinnbild für vieles. Ressourcen standen uns Kindern gewöhnlich nur als nachgeordnete Benützer zur Verfügung. So war zum Beispiel das Wohnzimmer prinzipiell den Erwachsenen vorbehalten. Wir durften freilich hinein, aber nur innerhalb streng gesetzter Spielregeln, die im Grunde darauf hinausliefen, dass man nachher nicht bemerken durfte, dass wir vorher drinnen gewesen waren. Da Möbel anders als heute von Generation zu Generation weitergegeben wurden, stand nicht deren Nutzung, sondern deren Nichtabnutzung im Vordergrund.

Nicht nur, was Möbel betraf, wohnte man völlig anders. Denn neben dem Wohnzimmer war der Eingangsbereich das Prunkstück. Der hatte möglichst repräsentativ zu sein, um allfällige Besucher zu beeindrucken. Sonst versuchte man möglichst viele Räume mit ebenso vielen (immer zu schließenden) Türen unterzubringen, offenes Wohnen war niemandem ein Anliegen.

An die Gestaltung des Bades wurden nicht zu viele Gedanken verschwendet, es war kein Ort, den Fremde je zu Gesicht bekamen. Für Gäste gab es ein Gästeklo mit kleinem Waschbecken. Das stiefmütterlichste Dasein aber führte in der Regel die Küche. Die war meist viel zu klein und lag irgendwo eher dunkel, hinten hinaus, während die gute Seite dem Wohnzimmer vorbehalten blieb. Trotzdem waren alle am liebsten in der immer viel zu kleinen Küche. Was vielleicht dazu geführt hat, dass wir, wenn wir unsere Grundrisse heute selbst gestalten können, alle Räume möglichst offen lassen und die Küche unter dem Titel Wohnküche zum wichtigsten Wohnraum machen. Das klassische Wohnzimmer fehlt uns auch tatsächlich nicht. Aber hie und da eine Tür, die wir hinter uns zumachen könnten. Und vor allem eine kleine dunkle Küche.

Das Telefon war wie der Fernseher und die Stereoanlage eindeutig in der Elternsphäre angesiedelt, also im Eingangsbereich oder im Wohnzimmer platziert. Die Verwendung erfolgte daher zu deren Bedingungen. Während wir aber auf Fernsehen und Musikhören (wenn auch schlecht) verzichten konnten, waren wir auf das Telefon als elementare Nabelschnur zur Außenwelt schlicht angewiesen.

Ein Telefon war schwer, in gedeckten Farben gehalten, hatte eine Wählscheibe und war eine Leihgabe der Post. Um ein Gespräch zu beenden, musste man den massiven Hörer geräuschvoll auflegen. Das klobige Ding hat mit Mobiltelefonen nur mehr den Namen gemeinsam. Während sich das Wählen mit Tasten auf einem Festnetzapparat vom Bedienen eines Touchscreens auf einem Smartphone kaum unterscheidet, gehört das Erlebnis, mit einer Wählscheibe zu wählen, endgültig der Vergangenheit an.

Nummern, die man oft anrief, konnte man wahnsinnig schnell wählen, vorausgesetzt, es waren nicht zu viele Nullen in der Nummer. Denn dann musste man sich mit dem Finger im untersten Loch der Wählscheibe einhängen und damit den längsten Weg bis zum Anschlag zurücklegen, während man mit dem Einser die kürzeste Distanz zu überwinden hatte. War das Telefonat dringend, fehlte oft die Geduld, die Scheibe ganz zurücklaufen zu lassen. Wir mussten dann wieder von vorne beginnen. Bei längeren Nummern verwählte man sich oft und stammelte dann „falsch verbunden" oder gerne auch „falsch verwählt" ins Telefon.

Versuchten wir jemanden im Ausland zu erreichen, schmerzte uns nach ein paar vergeblichen Versuchen der Zeigefinger, weil wir jedes Mal zu heftig gegen den Begrenzungsbügel der Scheibe stießen. Als die Post Ende der 1980er bunte Tastentelefone anbot, war das der letzte Schrei. Wollen wir heute das Geräusch eines Wählscheibentelefons hören, müssen wir Hitchcock-Filme schauen.

Wenn der Vater abhebt

Telefonieren war eine ernste Sache, für die es jede Menge Regeln gab. Die wichtigste war natürlich, dass ein Telefonat kurz zu sein hatte. Es gab aber auch genaue Vorstellungen davon, wann man wo anrufen durfte. „Wer ruft denn so früh schon an?", oder aber: „Wer ruft denn so spät noch an?", waren die Klassiker. Wobei das „so früh" je nach Tagesverfassung des Haushaltsvorstandes manchmal direkt in das „so spät" überging. Den richtigen Zeitpunkt zu erwischen war eine knifflige Sache, denn zu Mittag durfte das Telefon keinesfalls läuten. An Sonn- und Feiertagen war das Telefonieren prinzipiell ein Ärgernis. Kurz: Den richtigen Moment für einen Anruf gab es nicht.

Es war auch völlig unklar, wie lange man läuten lassen durfte, um niemanden gegen sich aufzubringen. Legte man etwa nach fünf Mal läuten auf, weil man niemanden von weiß Gott woher holen und damit signalisieren wollte, dass es nicht so schrecklich dringend war, dann hatte sich irgendjemand garantiert schon Richtung Telefon aufgemacht, um verärgert vor dem inzwischen verstummten Apparat anzukommen. Ließ man es richtig lange läuten, um sicherzugehen, dass das Telefon erreicht werden konnte, war der Ärger ebenfalls vorprogrammiert: „Wer lässt denn da so lange läuten?" Und darauffolgend die Mahnung: „Wenn man wo anruft, muss man sich überlegen, dass dort ja auch jemand zum Telefon gehen muss." In Wirklichkeit hatte der Groll gegen das Telefon vor allem einen Grund: Er kam meistens von jenen, die selber praktisch nie angerufen wurden. Das Eindringen in die Privatsphäre von außen war zudem nicht kontrollierbar. Für eine bestimmte Generation war jedes Läuten ein potenzieller Alarm: Es hätte etwas passiert sein können.

Bei Freunden daheim anzurufen, war eine Mutprobe. Zuerst das Bangen, wer abheben würde. War es der Vater, würde er nicht nur einmal, sondern gleich mehrmals streng nachfragen, wer denn da überhaupt am Apparat sei. Man sagte möglichst schnell sein Sprücherl auf: „Grüßgotthiersprichtdiehubersusikannichbittekurz-dieBabsisprechen?", worauf mit Garantie ein ziemlich saures „Wer spricht?" folgte. Die Väter kannten sich mit den Namen der Freunde ja eher nicht so gut aus. War die Mutter dran, wusste sie zwar gleich, wer die Person mit hastiger Stimme war, musste aber gleich ein mahnendes „Aber nur kurz" einbringen: „Die/der muss noch ... (Hausübungen machen, aufräumen, den Garten sprengen)." Dann wurde die gesuchte Person lautstark gerufen, um ihr dasselbe auch noch einmal zu sagen. Beliebter Nachsatz war auch: „Aber ihr seht euch doch eh morgen in der Schule." Dass wichtige Dinge sofort und unmittelbar besprochen werden müssen, haben Eltern bis heute nicht verstanden.

Die Leitung muss frei sein

Es war durchaus üblich, für wichtige Telefonate die eigenen vier Wände zu verlassen und eine nahe gelegene Telefonzelle aufzusuchen. Diese Idee hatten aber immer auch andere, es gab nicht selten Warteschlangen vor den Telefonzellen. Der Apparat rundete Kosten zugunsten der österreichischen Post auf und war nicht frei von Eigenheiten. Doch der größte Haken dabei war die Erreichbarkeit des Gegenübers. So wurde anrufen und angerufen werden zu den kniffligsten Aufgaben unserer Jugend.

Das Telefon war für bedeutende Dinge da. Für Notfälle und für Mitteilungen, die den Lauf der Welt verändern könnten. Meistens war das Telefon aber für Gespräche mit der Oma da, die durften dann auch richtig lange dauern. Je nachdem, ob es die Oma väterlicherseits oder mütterlicherseits war, sagten Mutter oder Vater dann: „Wenn deine Mutter anruft, darf die Leitung ja stundenlang besetzt sein."

Eigentlich besaß man ein Telefon hauptsächlich dafür, um eine freie Leitung zu haben. Nicht um damit zu telefonieren. In den Zeiten des Vierteltelefons und der Halbanschlüsse, die es bis in die 1980er-Jahre hinein noch gab, hasste man die Nachbarn mit Inbrunst. Sie hassten uns sicher auch. Denn wenn wir einmal das erlösende Freizeichen hörten, gaben wir die Leitung so schnell nicht mehr frei. Das ging aber nur, wenn die Eltern nicht zu Hause waren. Man musste also den Hörer möglichst rasch auflegen, wenn die Haustür aufging. Besonders schlaue Eltern prüften dann die Wärme des Hörers – und haben alles gewusst. Oder es stand die Nachbarin vor der Tür und fragte, warum das Telefon so lange besetzt gewesen sei. Wenn die Rechnung kam, die stets exorbitant war, hatte der Täter schon einen Namen.

So anonym wie damals konnten wir beim Telefonieren nie mehr sein. Weder wusste der Angerufene, wer anrief, noch schien auf der Rechnung auf, mit wem man telefoniert hatte. Es war nur nachvollziehbar, ob es sich um ein lokales Gespräch („Ortsgespräch") handelte, um einen Anruf in eine andere Stadt oder um ein, Gott bewahre, Ferngespräch. Bei diesen musste möglichst schnell geredet werden. Und wie immer nur das Wichtigste (außer, die Oma ...). Die Frage: „Wohin rufst du an?", stellt sich heute gar nicht mehr. Und wenn man angerufen wird, hat das Wo-bist-du schon lange das Wer-spricht ersetzt.

Heute sind wir mobil, leiden aber auch unter der ständigen Erreichbarkeit. Ausgeliefert waren wir damals wie heute. Man kann sich kaum mehr die Sehnsucht vorstellen, nicht mehr an der kurzen Leine des Festnetzanschlusses hängen zu müssen. Man wusste nicht nur nicht, wer anrief und wer am anderen Ende abheben würde, sondern war auch noch dazu gezwungen, in der Nähe des Telefons zu verharren, wenn man auf einen Anruf wartete. Eine qualvolle Art von Hausarrest, zu allem Ärger auch noch selbst verhängt.

Verliebt am Telefon

Verliebt zu sein war schon an sich schlimm genug, aber dann auch noch möglichst unauffällig in Hörweite des Telefons herumzuhängen, um auf den Anruf aller Anrufe zu warten, war eine willkommene Einladung an die Familie, die Situation weiter zu verschlimmern. Was man sich unter anderem anhören konnte: „Die Dings ist in den Dings verknallt" (der Klassiker; von Geschwistern). „A watched kettle doesn't boil" (Lebensweisheit; von Tanten). „Geh doch endlich raus, es ist so schön draußen. Er/sie ruft sicher morgen an" (der praktische Rat; von der Mutter). „Er/sie wird mich nie anrufen" (die innere Stimme). „Wer ist das überhaupt?" (Themaverfehlung; der Vater).

Es gab zwei Regeln, die immer zutrafen: Der Anruf, auf den man wartete, kam nie, wenn man in Reichweite des Telefons war. Und wenn der Anruf kam, auf den man wartete, war man hundertprozentig gerade für drei Sekunden nicht da gewesen. Er hatte also unbemerkt stattgefunden und war daher verpasst worden. Dieser Selbstbetrug vermochte ein enttäuschtes Herz leider nur für äußerst begrenzte Zeit zu trösten. Danach hieß es weiter warten.

Die Sehnsucht nach einem bestimmten Anruf gibt es natürlich auch heute noch. Aber wenigstens kann man während des Wartens normalen Tätigkeiten nachgehen, ja, es sogar wagen, duschen zu gehen. Undenkbar in Zeiten eines Telefonapparats, der auf jeden Fall weit weg von allen Räumen stationiert war, in denen Telefonieren auch nur annähernd gemütlich hätte sein können. Und vor allem: ungestört. Aber dass möglichst alle Familienmitglieder wussten, wer mit wem was zu besprechen hatte, war ein nicht zu unterschätzender Faktor für den internen Zusammenhalt. Denn jeder wusste etwas, was er nicht wissen sollte. Und die anderen auch.

Mit dem mobilen Zeitalter müsste nun theoretisch auch mehr Ehrlichkeit rund ums Telefonieren möglich sein. Wenn bloß die Frage „Wo bist du gerade, was machst du gerade?" nicht wäre. Abgesehen vom Selbstbetrug mit den vermeintlich versäumten Anrufen war aber die gezielte Täuschung der anderen früher viel einfacher. Man ließ sich zum Beispiel verleugnen. Dazu gehörten allerdings halbwegs geschickte Mitspieler. „Sie sagt, sie ist gerade nicht da", gehört etwa zu den weniger geglückten Schwindeleien. Es soll auch Menschen gegeben haben, die den Hörer zuhielten und der gewünschten Person zuflüsterten: „Bist du jetzt da oder nicht?" Bis heute glauben sie, dass Anrufer davon nichts mitkriegten.

Natürlich, man kann auch heute einfach nicht abheben, beziehungsweise einen Anruf nicht annehmen, wie es richtiger heißt. Aber so zu tun, als ob man von einem Anruf nichts wüsste, ist unmöglich geworden. Alles scheint auf, alles ist nachvollziehbar geworden. Bald wird es nicht einmal mehr das berühmte Funkloch geben. Und ein bloßer Anruf reicht, um von dem Angerufenen wie selbstverständlich einen Rückruf zu erwarten.

Wenn der Anrufbeantworter blinkt

Zwischen dem Rückrufregime von heute und der anonymen Telefonie der 1980er-Jahre fand noch eine kurze, aber sehr einprägsame Ära der Anrufbeantworter statt. Das Programmieren der mit Kassetten ausgestatteten Wunderdinger war schon eine Wissenschaft für sich. Außerdem musste der Text („die Ansage") etliche Male gelöscht und optimiert werden. Man wollte ja einen lässigen Eindruck machen. Weniger lässig waren diverse Begleitgeräusche, unterdrücktes Fluchen oder Kichern im Hintergrund. Manche, vor allem Paare, aber auch Wohngemeinschaften fabrizierten betont lustige Ansagen. Da kam etwa jeder einzeln zu Wort, es wurde gereimt oder gesungen. Manche waren einfach nur rüde.

Das Hinterlassen von Nachrichten ist eine Kunst, die manche bis heute auch auf Mailboxen nicht beherrschen. Von unverständlichen Wortfetzen – „ah so, des piepst erst jetz, also no amal, ui, jetz is ... tut tut tut" – bis hin zu langen Erzählungen ist alles drin. Nur das Vor- und Zurückspulen fällt weg – und der erste Blick nach dem Heimkommen auf das Gerät, um zu sehen, ob es blinkte. Blinken war immer gut. Das mobile Telefonieren erlaubt heute eine Instantbefriedigung, aber auch sofortigen Ärger, die es früher nur zeitverzögert gab. Übrigens soll es auch Menschen geben, die Kassetten mit einer für sie wichtigen Nachricht aufgehoben haben.

Ein Vorteil sei dem Handy aber unbenommen: Man kann es abdrehen. Nächtliche Anrufe von lustigen Freunden auf lustigen Festen landen nun auf direktem Weg auf der Mobilbox. Aber auch gezielte Störanrufe können heute einfach vermieden werden. Ein Mädchen, das damals nächtelang von einem Verehrer gequält wurde, konnte irgendwann nur noch verzweifelt das Telefonkabel aus der Wand ziehen. Danach läutete es aus der Buchse.

Versetzt am falschen Ort

Ein Phänomen ist mit der Verbreitung von Mobiltelefonen und Internet tatsächlich vollkommen verschwunden. Eine Sache, die geeignet war, dauerhaft Breschen ins Selbstbewusstsein zu schlagen und oft noch Jahre später zum Grübeln verleitete. Die Rede ist vom Versetztwerden. „Was soll das heißen?", werden Jüngere jetzt vielleicht sagen, „wir wissen auch, was das ist, versetzt zu werden." Und dann werden sie etwas erzählen von Wartezeit an einem Treffpunkt, mehreren SMS, in denen zuerst von Verspätung die Rede war, bis dann plötzlich in einer Kurznachricht „Schaff es doch nicht, ruf dich gleich an" drinnen gestanden ist.

Das Versetztwerden, von dem wir hier erzählen, hatte meist folgende Vorgeschichte: Man lernt jemanden kennen, das zarte Pflänzchen des sich Annäherns wächst erfolgversprechend. Nach einem längeren Zusammensein bei und nach einer Party verabredet man sich das erste Mal. Zu zweit. Am helllichten Tag. Sieht sich voll ausgeleuchtet, voll ausgenüchtert mit ein paar Tagen Abstand. In der Zeit, von der wir erzählen, irgendwann in den 1980er-Jahren, hat man dieses Treffen nur einmal mündlich vereinbart. Sagen wir um vier Uhr früh, euphorisiert, mutiger als gewöhnlich. Da wurde ein Tag genannt, ein Ort und eine Uhrzeit. Man sah sich dabei in die Augen und war davon überzeugt, dass beide dort pünktlich auftauchen würden.

Doch fünf Tage reichen aus, um Zweifeln genügend Zeit zu geben, sich ins Herz und Hirn zu schleichen. Wird er kommen? Will ich überhaupt hingehen? Wie hat sie eigentlich ausgesehen? Hat er mir gefallen? Was ist, wenn er nicht kommt? Was, wenn sie es sich anders überlegt hat? Es gab keine verbindlichen SMS, die halfen, das Vorhandene zu vertiefen oder den Irrtum nach und nach vor Augen zu führen. Auch kein Handyfoto, auf dem man sich das Objekt seiner Wahl noch einmal in Ruhe hätte anschauen können. Kein Facebook-Account, auf dem man sich über den sonstigen Umgang des Rendezvous-Gegenübers informieren konnte. Nichts, nur ein paar Worte, eine flüchtige Verabredung, die mit dem zeitlichen Abstand auf immer wackligeren Füßen stand.

Doch je näher der Tag kam, desto sicherer waren wir uns wieder. Wir würden hingehen. Nun standen andere Dinge im Vordergrund. Was anziehen? Und vor allem: Wann dort auftauchen? Zu früh war nicht gut, da signalisierte man große Ungeduld, es war immer noch ein Spiel und nichts war entschieden. Zu spät kommen war ein Risiko, was, wenn der andere schon wieder entnervt gegangen war?

Am Tag X machte man sich dann auf den Weg, ging noch ein paarmal im Kreis, schaute durch das Fenster in das Café, um zu schauen, ob man der Erste war. Und betrat schließlich das Lokal. Man nahm an einem Tisch Platz, von dem man den Eingang gut im Blick hatte. Und dann begann die Tortur. In der Vorstellung war der andere schon im Lokal gewesen, als man es betrat, hatte einem freudig gewinkt oder war einem sogar zur Begrüßung entgegengekommen. Oder man war sich direkt vor dem Lokal in die Arme gelaufen, hatte den Tisch gemeinsam ausgesucht oder überhaupt kurzfristig beschlossen, etwas ganz anderes zu machen.

Die Realität sah so aus: Man saß da und musste warten. Selbst war man zehn Minuten zu spät gekommen, strategisch sozusagen. Weitere fünf Minuten waren bereits vergangen. Man hatte schon etwas bestellt und saß lustlos vor seinem Getränk, alle paar Sekunden Richtung Eingang starrend. Warten hieß warten. Nicht in der Zwischenzeit SMS zu schreiben. Warten hieß dasitzen, Löcher in die Luft starren, im vollen Bewusstsein, dass alle anderen Gäste genau wussten, dass man hier gerade öffentlich versetzt wurde.

In dieser Phase, in der man sich bereits mit dem unerfreulichsten Szenario auseinanderzusetzen begann, kam die Uhr ins Spiel. Vielleicht ging die Uhr nicht richtig. Und man war nicht zehn Minuten zu spät gekommen, sondern 17 Minuten. Und der andere, der schon sieben Minuten früher gekommen war, und dessen Uhr noch einmal vier Minuten vorgegangen war, hatte das Lokal verlassen, als er geglaubt hatte, man habe auf ihn vergessen. Und man habe sich knapp verpasst. Nun war es schon halb. Es war klar: Man war versetzt worden.

Man verließ möglichst rasch den Ort der Schmach und fuhr nach Hause, um seine Wunden zu lecken. Aber dort ging die Misere erst richtig los. Sollte man den Unverlässlichen nun anrufen und die Ursache für das Nichterscheinen herausfinden? Sie/ihn beschimpfen? Und sich damit endgültig zum Trottel machen? Das scheiterte meistens schon daran, dass keine Nummern ausgetauscht worden waren.

Oft ließen sich solche Tragödien auch nachträglich nicht mehr aufklären. Der Person, die nicht erschienen war, ging man aus dem Weg. Sonst versuchte man die Peinlichkeit für sich zu behalten. Und grübelte oft noch Jahre später: War er früher gekommen? Hatte sie einen Unfall? Dabei war uns insgeheim bewusst – und es fühlte sich sehr schlecht an: Es hatte sich an jenem Abend nur einer von zweien verliebt.

Geld aus, Abend aus

Angesichts der ungeheuren technischen Möglichkeiten heute fällt erst auf, wie eingeschränkt unser Alltag in den 1980ern verlief. Zum Beispiel hatten wir immer nur genau so viel Geld, wie wir in bar dabei hatten. Mangels Konto und lange Zeit mangels Bankomaten war die Summe des verfügbaren Bargelds nur nach unten hin variabel. Wenn die Eltern eine größere Summe zu bezahlen hatten, zückten sie Scheckheft und Scheckkarte. Ein Vorgang, der von uns Kindern stets sehr ehrfürchtig beobachtet wurde. Er brachte die Schlange vor der Kasse zum Stillstand und schien uns die Quintessenz des Erwachsenseins.

Als Kind musste man seine Schillinge zusammenhalten und genau kalkulieren, wofür man sie ausgab und was wie viel kostete. Man hatte die Preise genau im Kopf: für eine Kugel Eis, eine Dose Fanta, Colazuckerln oder Fußballpickerln.

Wenn das Geld aus war, war es aus. Sich Geld auszuleihen war nur in absoluten Notsituationen eine Möglichkeit und wenn, dann nur von den allerbesten Freunden. Der Konsum von Eis und Süßigkeiten nach der Schule unterlag daher einer strengen Selbstkontrolle. Auch ein Grund, warum wir etwa in einer Pause vor dem Nachmittagsturnen niemals einkehrten, sondern unseren Bedarf im Supermarkt deckten. Hatten wir Geld für ein Mittagessen mitbekommen, wurde das für wichtigere Dinge gehortet.

Später, als wir als Teenager abends fortgehen durften, wurde strikt darauf geachtet, das Geld für Alkohol und nicht etwa für Essbares auszugeben. Der Weg zu Bier und Wein führte über Erdbeer- und Ribiselwein und diverse Mischungen von Coca-Cola mit Hochprozentigem oder mit Wein und Bier. Tequila war teuer, aber zu besonderen Anlässen unverzichtbar. Eigentlich ekelte es uns allen vor dem Geschmack, aber die Art, ihn zu trinken – Salz auf den Handrücken, Tequila runterstürzen, in die Zitrone beißen war unschlagbar. Da die Ausgehzeit sehr beschränkt war, die Zeit also knapp, gab es immer zu viel Tequila in zu kurzer Zeit, dessen Auswirkungen erst dann voll zu spüren waren, wenn wir schon wieder daheim waren und im schwankenden Bett lagen.

Die Tatsache, dass wir ohne Konto und daraus folgend Bankomat finanziell so eingeschränkt waren, hat uns in dieser Phase vor dem sogenannten Komatrinken bewahrt. Nicht etwa die Vernunft.

Cindy in Palmers

Frauen und Männer, von denen es ja heißt, sie würden ohnehin nicht zusammenpassen, sind nie mehr so inkompatibel wie in der Phase des Erwachsenwerdens. Mädchen sehen um die Teenagerwerdung herum manchmal sogar aus wie die Mütter, immer aber wie die wesentlich älteren Schwestern ihrer gleichaltrigen Klassenkollegen. Für die ersten Annäherungsversuche ans jeweils andere Geschlecht ergibt sich dadurch eine fast unlösbare Versuchsanordnung. Den Mädchen sind die gleichaltrigen Buben zu kindisch. Den älteren Buben in der Oberstufe, für die sie sich wiederum interessieren würden, sind sie aber oft noch zu jung. Die Buben haben bei den Mädchen, die ihnen gefallen würden, keine Chance. Die Mädchen aber, für die sie interessant wären, sind noch unterhalb jeder Wahrnehmungsschwelle.

Das hat sich auch in den letzten 30 Jahren nicht geändert. Weshalb ist das eigentlich so? Wem bringt das was? Es könnte alles so einfach sein: Buben und Mädchen entwickeln sich in etwa gleich schnell, haben Interesse aneinander – Punkt. In dieser von der Evolution konstruierten rätselhaften Lose-lose-Situation für das Liebeserwachen spielt die Ersatzhandlung eine große Rolle. Man schwärmt also für Traumfrauen und ebensolche -männer aus dem Reich des Showbusiness. Die sind zwar ebenfalls unerreichbar, manchmal sogar schon tot, was allerdings den Vorteil hat, dass es zu keiner Zurückweisung mit den damit verbundenen Verletzungen kommt.

Für uns Buben war Sophie Marceau das Maß aller Dinge. Durch ihre Rolle als Vic in „La Boum – die Fete" hatten sich alle Burschen zwischen zehn und fünfzehn gleichzeitig unsterblich in sie verliebt. Die Mädchen schwärmten für jene Buben, für die Vic auf der

Leinwand schwärmte. Da gab es den dunkelhaarigen typischen Franzosen aus dem ersten Teil und den blonden Vespa-Popper aus Teil zwei – also für jeden Geschmack etwas dabei. Sophie Marceau war sowieso etwas für jeden Geschmack. Während die Schauspieler, die ihren jeweiligen „La-Boum"-Freund spielen durften, heute niemand mehr kennt, können wir uns auf Sophie, die mit jedem Jahr schöner wird, immer noch alle einigen. Schauen wir heute einmal wieder „La Boum", sind wir allerdings in Vics Mutter verliebt. Die verheißungsvolle Vic aus unserer Erinnerung ist ein kleines Mädchen.

Während sich Sophie Marceau damals eher als Projektionsfläche für die ersten Schwärmereien eignete, war es einer Amerikanerin vorbehalten, uns erotisch zu prägen. Die Plakate des Unterwäscheherstellers Palmers, auf denen Cindy Crawford auf Fotos von Herb Ritts zu sehen war, schlugen einen tiefen Krater in unser Unterbewusstsein. Schaut man sich diese Plakate heute an, ist die damalige Aufregung nicht mehr ganz nachvollziehbar. Eine attraktive dunkelhaarige Frau (im Übrigen für heutige Modelvorstellungen fast ein wenig üppig) in weißer Spitzenunterwäsche und Strapsen. Ein Plakat, wie sie heute zu Hunderten im öffentlichen Raum herumhängen, ohne dass sich eines davon nachhaltig in unserem Bewusstsein festhaken würde.

In den 1980er-Jahren aber waren Plakate in der 12-Bögen-Größe Bruno Kreisky und Rudolf Kirchschläger vorbehalten, nicht aber einer jungen Frau in Unterwäsche. Und Cindy Crawford war mehr als das. Sie öffnete die Tür in ein völlig neues Zeitalter, in dem Schönheit plötzlich zu einem Beruf wurde. Die Frau mit dem Muttermal über dem Mund war das erste Supermodel. Davor gab es Mannequins, Schönheitsköniginnen, Fotomodelle (gesprochen wie in Modelleisenbahn) und in der offenherzigeren Variante sogenannte Busenwunder (hier stilbildend in unsere Jugend die Britin Samantha Fox). Die konnten sich Geld dazuverdienen, eine Zeit lang vielleicht sogar von ihrem Aussehen leben, schauten aber in aller Regel spätestens mit Anfang dreißig mit einem Schulterzucken und dem Satz „Ich war jung und brauchte das Geld" auf diesen doch recht kurzen Abschnitt ihrer Biografie zurück.

Cindy Crawford und mit ihr Linda Evangelista, Claudia Schiffer, Naomi Campbell, Elle Macpherson, Helena Christensen und Christie Turlington – wir können diese Namen im Schlaf aufsagen wie sonst nur noch die Aufstellung der österreichischen Fußballnationalmannschaft von 1978 – schafften es, aus ihrer Schönheit einen dauerhaften Beruf zu machen. Davor mussten attraktive Frauen zumindest in einem Film mitspielen, ein Lied aufnehmen oder einen Fürsten heiraten (am besten natürlich alles zusammen), um den Makel abzulegen, nur wegen des Aussehens erfolgreich zu sein. Supermodels hatten das nicht mehr nötig. Sie waren außerirdisch schön. Punkt. Nicht mehr, aber auch nicht wesentlich weniger.

Als Cindy Crawford Richard Gere heiratete, war das die logische Folge und gleichzeitig der Anfang vom Ende der Supermodels. Claudia Schiffer, an der sich die Geister schieden, wie an keiner anderen, zeigte mit ihrer PR-Beziehung mit dem Magier David Copperfield, dass wir, die sie nicht gemocht haben, recht gehabt hatten. Obwohl das Label Supermodel seither an vielen Frauen klebt, kam außer Kate Moss niemand mehr nach, der es mit der ersten Generation aufnehmen konnte. Heidi Klum und Gisele Bündchen sind vielleicht Topmodels, werden aber für uns nie super sein.

Maverick im Cockpit

Auch in der Männerwelt gewann das Aussehen als Schlüsselqualifi-kation zunehmend die Oberhand. Parallel zum Kaugummipop eta-blierte sich im Filmgeschäft auch ein neuer Typ Schauspieler: der fe-sche Bub. Wichtigster und nachhaltigster Vertreter dieser Gattung, die sich nicht durch raffinierte Darstellungskunst, sondern in erster Linie über ihr Äußeres definierte, war Tom Cruise. Warum er es mit dem in jeder Hinsicht mittelmäßigen Film „Top Gun" schaffte, sich bis heute in eine, was den Erfolg betrifft, eigene Umlaufbahn zu katapultieren, ist auch im Nachhinein unklar.

Cruise spielte zu der in Endlosschleife laufenden Schmusenum-mer „Take my Breath Away" den US-Army-Piloten Pete „Maverick" Mitchell – mehr als diesen Namen bräuchte man eigentlich nicht, um den Inhalt des Films zu transportieren –, der zuerst seinen ehr-geizigen Widersacher „Iceman" (Val Kilmer) überwindet, am Ende alle Russen abschießt und es schafft, seine weibliche Vorgesetzte Charlie (Kelly McGillis) ins Bett zu kriegen. Dazwischen liegen jede Menge blitzend weiße Zähne, coole Funksprüche und ein tragischer Todes-fall, bei dem Cruise sich auch nicht schämt, ein wenig zu weinen.

Wenn wir wieder einmal das Gefühl haben, die Zeit vergeht viel zu schnell und nichts ist, wie es einmal war, dann brauchen wir nur ins Kino zu gehen. Dort läuft garantiert ein Film mit Tom Cruise in der Hauptrolle: Er schaut noch genauso aus wie damals – nur die Zähne sind besser –, spielt immer die männliche Hauptrolle und landet spätestens am Ende mit der weiblichen Hauptrolle im Bett – deren Mutter übrigens inzwischen Kelly McGillis spielt.

Was „Top Gun" für die jungen männlichen Zuschauer war, schlug „Dirty Dancing" bei den Mädchen noch um Längen. Der Tanzfilm mit Patrick Swayze („Johnny") und Jennifer Grey („Baby") in den Hauptrollen öffnete für Pubertierende ein Fenster zur Welt, in der es alles gab, was das Herz schneller schlagen ließ: sentimentale Romantik, anrüchige Erotik mit ihrer biederen Überwindung, unerfüllte Liebe, Ungerechtigkeit und ein ordentlicher Schuss Moral. Dazu eine Mischung aus Evergreens und extra für den Film komponierten Liedern, die auch noch Jahrzehnte später zum Standardrepertoire in Tanzschulen zählen. Und zu den Schmuseklassikern in der Dorfdisco, die nun aber nicht mehr Disco heißt. Alle wollten den Mambo lernen.

Mädchen waren in ihren Schwärmereien nicht ganz so einhellig, wie es die männlichen Heranwachsenden mit Sophie Marceau waren. Es gab die „Guten" wie Patrick Swayze (rau, aber im tiefsten Inneren anständig) und Michael J. Fox (irgendwie asexuell), aber auch die „bad boys" wie Rob Lowe und Matt Dillon, von denen man wusste, sie würden einem das Herz brechen, aber sogar der Schmerz würde sich gut anfühlen. „St. Elmo's Fire" eröffnete einen Reigen von Filmen, die den Reiz des Verbotenen ausloteten, natürlich immer in einem moralischen Kontext.

Auch bei den Musikern gab es die Einteilung in anständig und gefährlich: Zu den Guten zählte etwa Bryan Adams, zu den Bösen Michael Hutchence. Gefallen haben sie uns beide. Auch auf Eros Ramazzotti konnten wir uns im Großen und Ganzen einigen. Die Verehrungsbereitschaft machte auch nicht vor toten Helden halt: Gab es ein Mädchenzimmer, in dem kein Poster von Jim Morrison oder James Dean hing? Jahre später, bei der ersten Reise nach Paris, gehörte das Grab des „Doors"-Sängers immer noch zu einem der wichtigsten Orte, die besucht werden mussten.

Petting mit Dr. Sommer

Obwohl die meisten von uns schon von Eltern, älteren Geschwistern und Freunden aufgeklärt worden waren, mussten wir spätestens in der 2. Klasse Unterstufe diesen peinlichen Moment über uns ergehen lassen, in dem der Biologielehrer mit betont sachlicher Miene die männliche und weibliche Anatomie und die Fortpflanzung grafisch und verbal darstellte. In der Klasse war es mucksmäuschenstill, aber da und dort war ein unterdrücktes Kichern zu vernehmen. Ein Indiz, dass die Situation beim kleinsten Anlass in die größtanzunehmende kollektive Heiterkeit kippen könnte.

Wir fragten uns, warum die anatomische Darstellung von Geschlechtsorganen (und ihrem Innenleben) so anders aussah als das, was wir bisher so gesehen hatten, aber vor allem, wie man die Sache dann tatsächlich anlegen sollte. Wir schwankten zwischen „iiiiihh" und „ooohhh". Die wichtigste Hilfe in dieser schwierigen Zeit war neben den guten Freunden (natürlich vom gleichen Geschlecht) Dr. Sommer. Der fiktive Ratgeberonkel in „Bravo" gab Antworten auf wichtige emotionale Fragen: „Wie merke ich, dass er mich mag?", wies uns aber auch auf sexuelle Tätigkeiten hin, die wir noch gar nicht kannten. Der Begriff „Petting" wurde mit ziemlicher Sicherheit von Dr. Sommer in den deutschen Sprachraum eingeführt.

Jeder las „Bravo", aber keiner durfte es kaufen. Die Eltern verdrehten die Augen und nannten es „Schund", und dafür sollten wir unser karg bemessenes Taschengeld nicht ausgeben. Von irgendwo kam es dann daher, wurde von Bankreihe zu Bankreihe weitergereicht und mit großer Aufmerksamkeit und roten Wangen studiert. In eindrucksvoller Erinnerung bleibt etwa der Tipp auf die Frage, wie ein verzweifeltes ungeküsstes Wesen sich für den Fall der Fälle (einen richtigen Zungenkuss) wappnen könnte. Dr. Sommer riet dazu, den Kuss am eigenen Handrücken auszuprobieren und regelmäßig zu üben.

Das Wichtigste bei der Angelegenheit war ja, egal ob es ums Küssen ging oder mehr, nicht den Anschein zu erwecken, es könnte sich um das erste Mal handeln. Das war mit allen Mitteln zu vermeiden. Da sich nun aber so gut wie alle möglichst erfahren gaben, wuchs die Unsicherheit ins Unermessliche. Doch an explizites Anschauungsmaterial heranzukommen war vor YouPorn noch ziemlich aufwendig. Manchmal fiel uns unter alten Zeitungsstapeln ein Hochglanzmännermagazin in die Hände. Das war zwar aufregend, es warf aber mehr Fragen auf, als es beantworten konnte.

Pornofilme waren auch keine Hilfe. Zwar war die eine oder andere VHS-Kassette im Umlauf, die von Älteren entwendet oder im Vorhangbereich einer Videothek ausgeborgt worden war, aber die verfügbaren deutschen Pornofilme der 1980er-Jahre waren eher wegen der imposanten Schnurrbärte und Schambehaarung der Protagonisten eindrucksvoll. Man musste also irgendwie selbst draufkommen. Aber das dauerte noch. In der Zwischenzeit hatte ja die Angst vor Aids unserer Neugierde Zügel angelegt. Gleichzeitig hatte der Film „9 1/2 Wochen" (mit „bad boy" Mickey Rourke) unsere Erwartungen ins Unermessliche gesteigert. Erdbeeren waren von nun an mehr als bloß Obst. Nur die Sache mit dem Honig war uns wirklich nicht geheuer.

Sommer

SPRUNGBRETT, STRANDBAD, SONNENBRAND

Selbst wenn man nicht zu den Menschen gehört, die ihre Kindheit und Jugend verklären, gibt es diese Sehnsucht nach den Sommern von damals, die im erwachsenen Leben unerfüllt bleiben. Das hat natürlich vor allem mit den „großen Ferien" zu tun. Das Gefühl, mit dem Zeugnis in der Tasche nach Hause zu fahren und zu wissen, vor einem reiht sich ein freier Tag an den nächsten, war unvergleichlich. Neun heiße, federleichte, unverbrauchte Wochen. In diesen Sommern, keinen Fünfer im Zeugnis vorausgesetzt, musste man nämlich rein gar nichts tun.

Auch die Kinder heute werden dieses Gefühl so nicht mehr kennenlernen. Nun kann man vielleicht sagen, neun Wochen Sommerferien gibt es immer noch, das ist kein Phänomen der 1970er und -80er. Doch Sommerferien heute sind ein präzise durchgeplantes Strategiepuzzle, in dem einerseits die nahtlose Betreuung der Kinder mit den Terminkalendern von meist zwei berufstätigen Eltern koordiniert werden muss und außerdem eine gezielte Förderung der Kinder nicht zu kurz kommen soll. Die ideale Kombination aus Betreuung und Förderung bringen alle möglichen Feriencamps, in denen man von Sprachen über Klettern bis Zeichnen so ziemlich alles belegen kann, was den Eltern einfällt.

Unsere Sommerferien damals haben wir – bildlich gesprochen – mit einem Grashalm im Mund in einem Heuhaufen verbracht. Es gab weder Computerkonsolen noch ein Trampolin in jedem Garten.

Unser treuester Begleiter durch diese endlosen Ferienwochen war das Fahrrad.

Die Sommer damals waren wunderschön. Die Bilder haben unglaubliche Farben. Unsere Eltern waren gut gekleidet. Die Autos hatten schöne Formen und waren nicht immer nur silber, grau und dunkelblau. Alles schien auf eine natürliche Art stil- und geschmackvoll. Selbst der dunkelgelbe Schnürlsamtfauteuil in unserem Wohnzimmer kommt uns zeitlos stylish vor. Ebenso wie der Plattenspieler, der große Verstärker der Stereoanlage und die holzverkleideten Boxen. Warum auf diese Ära ein Stilunfall namens 1980er-Jahre folgen konnte, obwohl wir in einer der ästhetischesten Phasen seit den 1930ern groß geworden sind, ist uns immer noch ein Rätsel.

Und bevor uns die große Verklärung überwältigt: Die Ferien damals waren oft auch sehr langweilig. So langweilig, dass fad das treffendere Wort ist. Wir waren nämlich über weite Strecken uns selbst überlassen. Die Freunde waren auf Urlaub oder irgendwo bei einer Oma. Fernsehen durften wir nicht, außerdem wäre auch nicht wirklich viel gelaufen, was wir auch sehen wollten. Lesen war nur eine Notlösung. Wir konnten uns also an unsere Mütter anhängen und mit ihnen einkaufen gehen, wozu wir nur selten Lust hatten. In Wahrheit haben wir dann sehr oft gar nichts gemacht. Da der Begriff „chillen" noch nicht erfunden war, hingen wir einfach nur herum.

Sommer war natürlich auch Meer und Strand, doch wir fuhren nicht mehr nur an die Adria, sondern auch schon richtig auf Urlaub. Manche von uns sogar mit einem Flugzeug nach Griechenland, Spanien oder ins echte Italien (also südlich von Rom). Der Urlaub dauerte 14 Tage, wurde pauschal im Reisebüro gebucht und beinhaltete zwei Charterflüge. Die Stimmung an Bord war seltsam aufgeregt, die Passagiere meist schon in Badekleidung – es fehlte gerade noch, dass sie schon die Taucherbrille aufhatten –, und sie betranken sich alle rasch, weil sie sich vor dem Fliegen fürchteten. Bei der Landung wurde geklatscht und gejohlt, weil alle so erleichtert oder so betrunken waren. Vielleicht auch beides.

Der Urlaub am Strand begann mit einer langen Fahrt in einem Zubringerbus. Zuerst fuhren wir ewig durchs Nichts, danach kaum kürzer an lauter Rohbauten vorbei. In unserem Hotel angekommen, waren wir erschöpft, aber glücklich, dass unseres zumindest schon fertig gebaut war. In einem dunklen Fernsehzimmer im Hoteleingangsbereich schauten wir dann immer stundenlang heimlich Wimbledon (Björn Borg, John McEnroe, Jimmy Conners), während es draußen 35 Grad hatte und wir baden hätten sollen.

Das Essen am Meer galt als gut, wenn es frischen Fisch gab. Obwohl wir uns immer etwas wunderten, dass trotzdem alle lieber (paniertes) Fleisch und Kartoffeln aßen, wenn sie die Wahl hatten. Das Bier war unseren Vätern zu schwach, die Cocktails, die schon am Nachmittag an der Poolbar ausgeschenkt wurden, für unsere Mütter zu stark. Ausflüge ins Landesinnere konnten an der Rezeption gebucht werden, wir waren immer froh, wenn wir im Hotel blieben. Am Abend in der Hoteldisco bestellte man Sangria. Auch außerhalb von Spanien.

Sommer in Österreich war auch oft kalt und regnerisch. Als Weststösterreicher hat man die ewige Wetternörgelei erst verstanden, als man einige Zeit in Wien gelebt hatte – und vielleicht sogar dort geblieben war. Zu unserer Überraschung gab es tatsächlich Orte in Österreich, an denen es nicht mehr als 250 Tage im Jahr regnete. Und an denen es möglich war, mehr als drei Monate im Jahr ohne Regenjacke und wasserdichten Schuhen aus dem Haus zu gehen. Wir dachten davor eben, von nichts kommt nichts. Es gibt eben keine herrlichen Seen, grüne Almen und das beste Trinkwasser weit und breit ohne ausgiebigen Regen.

Im Sommer waren wir auch auf dem Bauernhof. Wir halfen im Stall, trieben die Kühe auf die etwas höher gelegene Wiese und durften mit dem Traktor fahren. Wir lernten früh, dass frische Milch warm ist, ganz anders als aus dem Packerl schmeckt (nämlich grauslich) und immer eine Fliege obenauf schwimmt. Als Belohnung fürs Ausmisten verschlangen wir Riesenstücke Obstkuchen. Seither wissen wir, warum die „Fleck" heißen.

Sommer war auch: barfuß auf eine Biene steigen, zuerst ein bisschen weinen und dann ganz lange wie verrückt an der Stichstelle herumkratzen. Sommer waren drei Zecken mindestens. Geimpft war kaum einer. Sommer war die Rechnung, wie viele Hornissenstiche ausreichten, um ein Pferd (sieben), einen Menschen (vier) oder ein Baby (zwei) töten zu können. Nur gestochen hat uns letztlich nie eine. Es gab Gelsen ohne Ende. Sommer war beim Spielen in Brennnesseln steigen, bis zu den nackten Oberschenkeln hinauf. Sommer waren aufgeschlagene Knie, die unter einer dicken Dreckschicht kaum zu sehen waren und erst in der warmen Badewanne zu brennen begannen, wenn sie mit einer kleinen Bürste abgeschrubbt wurden. Sommer war der Geruch nach modrigem Gras, das wegen eines Schauers nach dem Mähen nicht rechtzeitig eingebracht worden war.

Unser Sommer war die Jahreszeit, die am langsamsten verging. Aber von allen Jahreszeiten am schnellsten wieder vorbei war.

Das Fahrrad, unser bester Freund

Einen Alltag ohne Fahrrad konnten wir uns nur schwer vorstellen, Ferien ohne Fahrrad waren schlicht unmöglich. War es schon unterm Jahr schwierig genug, mit unseren Freunden telefonisch in Kontakt zu treten, so verschärfte sich die Situation noch einmal im Sommer. Zum einen wurde die Routine, zu welcher Zeit man wen am besten erreichen konnte, durch den Ferienrhythmus gehörig durcheinandergebracht. Zum anderen war in der Urlaubszeit noch unklarer, wen man wann stören würde.

Deshalb radelten wir auf der Suche nach Unterhaltung durch unsere Nachbarschaft. Mit einem Fußball auf dem Gepäckträger und einer großen Trinkflasche auf der Mittelstange klapperten wir zuerst alle Parks, Spielplätze und sonstige Treffpunkte ab, an denen sich Spielkameraden hätten aufhalten können, um dann noch gezielt von Wohnung zu Wohnung zu fahren. Nachdem wir geläutet hatten, passierte zuerst fast immer gar nichts, dann ging irgendwo ein Fenster auf und wir riefen: „Bitte kann der Soundso runterkommen?" Wenn der Betreffende da war, folgten oft zähe Verhandlungen. Die Trefferquote bei diesem Versuch, einen Freund zum Spielen aufzutreiben, war recht bescheiden. Wenn er doch runterkommen durfte, radelten wir zu zweit weiter – manchmal saß der andere mit dem Ball in der Hand auf dem Gepäckträger –, um noch andere Mitspieler aufzutreiben.

Unser erstes Fortbewegungsmittel war das Dreirad. Mit einem Dreirad durfte man im Vorzimmer, auf Gartenwegen und vor der Garage fahren. Nach dem Dreirad bekam man ein erstes Fahrrad mit Stützrädern. Damit durften wir dann unter Aufsicht auch auf wenig befahrenen Straßen und Gehsteigen unterwegs sein. Das Rad mit Stützen hatte gegenüber dem Dreirad zwei wesentliche

Vorteile: Durch die größeren Reifen konnte man schneller fahren, und man konnte sagen, dass man schon ein Rad hatte. Der gravierende Nachteil: Man lernte dadurch überhaupt nicht Rad fahren. Denn anders als bei den heute üblichen Laufrädern und Scootern wird weder mit den Drei- noch mit Stützrädern der für das Radfahren so wesentliche Gleichgewichtssinn trainiert.

Irgendwann rund um den Schuleintritt wurden dann also mit großem Brimborium die Stützräder abmontiert. Da wir keine Gleichgewichtserfahrung hatten, musste uns dann ein Elternteil an der Lenkstange und am Gepäckträger halten und neben uns die Straße hinauf- und hinunterlaufen. Ließen sie aus, fielen wir um. Helm trugen wir keinen. Unsere Kinder steigen heute nach ein, zwei Saisons auf Laufrad und Roller meist ohne Anlaufschwierigkeiten aufs richtige Fahrrad um und fahren einfach los. Ohne umzufallen. Dafür mit Helm.

Ein Fahrrad wünschte man sich zum Geburtstag. Fiel der in die kalte Jahreszeit, bekam man sein Rad zu Ostern. Es war der wichtigste Besitz, den man hatte. Zunächst gab es einfach nur Räder. Sie unterschieden sich höchstens in der Farbe und der Klingel voneinander. Als wir älter waren, gab es dann schon andere Verlockungen. Das BMX-Rad mit seinen kleinen Rädern war zwar cool, für längere Strecken, und die legten wir weiß Gott zurück, aber völlig ungeeignet. Wir Burschen wollten ein Rad mit gerader Stange und einem Widderlenker, also ein Rennrad. Dabei spielte es eine entscheidende Rolle, wie viele Gänge unser Fahrrad besaß. Zunächst war ein Zehngangrad das Maß aller Dinge. Das unglaublichste Extra ein Tachometer. Den Mädchen waren die Gänge vollkommen egal, sie fuhren maximal mit Dreigangrädern herum. Mädchen ging es ausschließlich um die Farbe des Rades und darum, dass ein schöner Korb am Gepäckträger befestigt war.

Für uns Gangfetischisten brachen dann mit den ersten Mountainbikes goldene Zeiten an. Plötzlich gab es 18 Gänge und mehr. Wir benützten freilich immer nur den höchsten, den niedrigsten und den in der Mitte. Wir fuhren also in der Praxis ein Dreigangrad wie die Mädchen, über die wir gerne den Kopf schüttelten. Noch heute fahren wir lieber mit 200 PS 50 km/h als die gleiche Geschwindigkeit mit 70 PS.

Die eigentliche Errungenschaft des Mountainbikes waren aber die dicken Reifen mit tiefem Profil und die robusteren Felgen. Mit ihnen konnten wir endlich über Gehsteigkanten fahren, ohne einen Achter nach dem anderen zu produzieren. Wir fuhren bei jedem Wetter, quer über Wiesen, Abhänge, Kanaldeckel, Schotterstraßen und manchmal auch auf der Straße.

Mit zehn Jahren traten wir zur Radprüfung an. Hatten wir sie bestanden, zierte ein rot-weiß-roter Wimpel unseren Gepäckträger. Nun durften wir offiziell ohne Begleitung auf allen Straßen fahren. Was wir natürlich längst getan hatten. Am liebsten fuhren wir freihändig, auch bergab und in den Kurven. Für unsere Kinder heute ist das Rad eher ein Sportgerät als ein unverzichtbares Fortbewegungsmittel. Das liegt daran, dass wir sie (viel zu lange?) überall hinführen. Und am dichten Verkehr. Wenn heute in Städten das Fahrrad als das universelle Verkehrsmittel schlechthin entdeckt wird, können wir nur sagen: Wir haben das immer schon gewusst. Nur wurde uns das Fahrrad auch nicht ständig gestohlen oder mutwillig beschädigt. Ein Fahrradschloss war damals eher Accessoire als Notwendigkeit.

Unter Männern im Stadion

Es gibt zwei Arten von Kindern. Die Ballkinder und die anderen. Die anderen interessieren sich für alles Mögliche – bauen, basteln, backen – und können oft wahnsinnig gut malen. Ballkinder brauchen nur einen Ball. Ihre Zeichenkünste bleiben immer auf dem Stand eines Fünfjährigen, Brettspiele halten sie nur so lange durch, bis alle Figuren aufgestellt sind. Ballkinder haben immer irgendeinen Ball bei sich, egal welcher Größe und Beschaffenheit (Leder, Filz, Gummi, Plastik, Holz ...), mit dem sie ununterbrochen schießen, werfen, dribbeln, rollen, gaberln, jonglieren. Das ist für alle anderen sehr anstrengend.

Die Krone der Ballschöpfungen ist der Fußball. Ballkinder lieben Fußball. Sie brauchen außer ab und zu etwas Nahrung nichts anderes. Ohne Schlaf kommen sie aus, ohne Fußball nicht. Das war damals so und ist heute so. Doch damals war Fußball ein reiner Männersport. Nicht nur, dass Mädchen nicht Fußball spielten – es war nicht so, dass sie nicht durften, sie hätten gar nicht gefragt –, dieser Sport an sich war Männern vorbehalten.

Ein Besuch im Fußballstadion ist heute fixer Bestandteil des Familienprogramms wie Tiergarten, Ausflug und Kino. Und Stadien sind auch Megakinos nicht unähnlich. Hell, freundlich, genug Toiletten, ein breites Nahrungsangebot, nummerierte Sitzplätze und überall Großbildschirme. Das Spielfeld schaut von allen Plätzen nah und unwirklich grün aus, die Spieler sind frisch geduscht, perfekt frisiert und tragen gebügelte Dressen. Auf den Sitzplätzen drängeln sich Männer, Frauen und Kinder aller Altersstufen. Man begegnet einander mit ausgesuchter Höflichkeit. Anhänger verschiedener Teams drohen einander nicht schon vor Matchbeginn Watschen an.

Ein Stadionbesuch in unserer Kindheit war eine brandgefährliche Sache. Wir durften erst hin, wenn wir zweistellig alt waren, und dann zunächst nur in Begleitung unseres Vaters. Ein Stadion war wie ein Bahnhof. Dreckig, verrucht, aufregend. Am Matchtag war selbst in einer Kleinstadt vor wichtigeren Spielen ein Polizeiaufgebot notwendig – nicht wie heute, um den Verkehr zu regeln, sondern um gröbere Raufhandel zu unterbinden. Die Sicherheitskontrollen ins Stadion waren nachlässig. Drinnen gab es nur Stehplätze und es herrschte das Recht des Stärkeren. Es gab nicht nur kein Alkoholverbot im Stadion, sondern es wurde ausschließlich Bier in Halbliterbechern ausgeschenkt. Härtere Sachen musste man selber mitbringen und man tat es auch ausgiebig.

Der echte Fan war ungewaschen, alkoholisiert und zumindest verbal aggressiv. Das imponierte uns unheimlich. Erwachsene Männer, die laut „Du Oarschloch, du depperes" (und das war noch das Allerallerallerharmloseste) oder „Du schwoaze Sau" (damit war der Schiedsrichter gemeint) brüllten, waren für uns faszinierende Vorbilder. Es gab im Stadion auch immer kleine Raufereien. Und die einzige Frau weit und breit schenkte das Bier aus.

Die Spieler am Platz unten hatten auch wenig mit diesen wie aus einem Computerspiel generierten Sportlerkunstfiguren von heute zu tun. Die Kicker wirkten mäßig austrainiert, hatten ihre letzte Zigarette oft erst im Kabinengang ausgedämpft und beschimpften ihre Gegner und Mitspieler genauso, wie sie selbst von der Tribüne aus beschimpft wurden. Der Rasen hatte sich im Lauf der Saison weitgehend aufgelöst, vor den Toren war knöcheltiefer Gatsch, der bei einem Torschuss schwerer zu überwinden war als der oft nicht so talentierte Tormann.

Im Stadion hing eine riesige Dreiviertelstunde, an der ein großer Zeiger die Spielzeit anzeigte. Die Uhr hatte zwei Löcher, über denen

Heim und Gast zu lesen stand. Wenn ein Tor gefallen war, wurde nach einer Weile manuell von hinten ein Schild mit einem Einser eingehängt. Wenn das Spiel aus war, musste man schauen, dass man möglichst rasch vom Stadion wegkam. Die Fans beider Mannschaften wurden nämlich gleichzeitig über dieselben Treppen nach draußen geschickt.

Heute gehen wir zwar gerne mit unseren Frauen und Kindern ins Stadion. Aber irgendetwas fehlt uns schon.

Am Sprungbrett

In jedem ernstzunehmenden größeren Ort gab es ein, wenn vielleicht auch kleines Freibad. Das Wasser im Becken kam manchmal noch direkt aus dem nächstgelegenen Fluss und war eiskalt. War es Chlorwasser, war es ebenso eiskalt. Vor dem Eingang wurde die Luft- und Wassertemperatur täglich auf einer Tafel vermerkt. Wollten wir schwimmen gehen, wurde ein Kind mit Fahrrad ausgeschickt, um die Grade abzulesen und zu Hause zu vermelden. Schon der Bademeister hatte nach oben gerundet, das Botenkind tat auch ein wenig dazu und so gingen wir in ein Wasser mit 22 Grad schwimmen, das tatsächlich nur 18 Grad hatte. Blaue Lippen gehörten zu einem Tag im Freibad ohnehin dazu.

Dafür roch es immer warm. Der Geruch von Sonne auf den Holzpritschen und den Holzkästchen im Umkleidebereich löst ein ganzes Spektrum an Erinnerungen aus. Unvergessen auch die strategisch herausgedrückten Astlöcher an den Wänden, um verbotene Blicke auf andere riskieren zu können.

Bäder, die mehr als ein bloßes Schwimmbecken zu bieten hatten, hießen „Erlebnisbad" und hatten zumindest eine Wasserrutsche. Gab es einen Sprungturm, so bildete er das Epizentrum des gesamten Areals. Während die Startblöcke und Einmeterbretter immer zur freien Benützung standen – außer es fand ein Schwimmtraining statt, dann herrschte Springverbot –, wurde die Kette, die den Aufgang zum Drei-, Fünf- oder sogar Zehnmeterbrett versperrte, nur gelöst, wenn der Bademeister dazu kurz Lust hatte. So kam es uns zumindest vor.

Wenn der Bademeister, der optisch mehr Ähnlichkeit mit einem Fleischhauer als mit einem Sportler hatte, die Kette losgehakt hatte, wurde der Sprungturm sofort gestürmt. Am Beckenrand ließen sich die Zuschauer nieder, Beine im Wasser, Blick nach oben. Die Burschen streckten ihre Brust heraus und spazierten betont lässig die letzten paar Meter bis zur Sprungbrettkante. Wer oben am Brett zu lange schaute, hatte schon verloren. Wer sich die Nase zuhielt und die Beine zusammenklemmte, auch. Aber vom Fünfmeterbrett zu springen, ohne diverse Körperteile zu schützen, konnte sehr schmerzhaft enden. Ein Höhepunkt für die Zuschauer war es, wenn die Badehose oder das Bikinitop beim Eintauchen verrutschten oder gar verloren gingen. Grundsätzlich galt: Mehr ehrliche Bewunderung als rund um den Sprungturm war für einen Heranwachsenden nicht zu holen.

Zwar war es damals noch nicht ganz so wichtig wie heute, sehr dünn zu sein, aber für Mädchen hieß Freibadzeit dennoch, ohne Unterbrechung den Bauch einzuziehen. Beine und Achseln wurden nur im Ausnahmefall rasiert. Nena machte das ja auch nicht. Burschen hätten kein Härchen von ihrer Brust entfernt − Körperbehaarung war als Zeichen der Männlichkeit sogar ausdrücklich erwünscht. Tätowierungen waren hingegen sehr selten. Wenn wir tätowierte Menschen sahen, dachten wir, sie seien kriminell. Ein Piercing hatten wir noch nie aus der Nähe gesehen. Was wir für verrucht und sexy hielten, waren Fußketterl, Bauchketterl und Zehenringe. Mehrere Ohrlöcher zu stechen, besonders am oberen Rand der Ohrmuschel, war selten. Wir hielten es für unheimlich extravagant.

Im Bad wurde zwischen Sportturnus (Schwimmen, Springen, Tischtennis) und Ruheturnus hin- und hergewechselt. Die Ruhephase auf dem Handtuch war allerdings die eindeutig anstrengendere. Hier musste man in einer Gruppe von Freunden gut platziert sein, möglichst dekorativ liegen oder sitzen und zu scheinbar zufälligen Körperkontakten mit der richtigen Person kommen. Für Mädchen galt: Wenn man sich vom Handtuch wegbewegte, dann immer mindestens zu zweit oder mit noch mehr Mitstreiterinnen. Das Selbstbewusstsein, sich alleine vor den Augen aller in Badekleidung zu bewegen, war sehr wenigen vorbehalten.

Bewegen musste man sich in Richtung WC (auch heute noch eine eklige, nasse Angelegenheit) und in Richtung Buffet, um Eis oder Pommes frites im Stanitzel zu holen. Je kleiner der Ort, desto eher gab es Schöller-Eis, wir bevorzugten aber Eis von Eskimo. Es hatte damals schon die bessere Marketing-Linie. Am beliebtesten waren Twinni, Jolly, Brickerl und Erdbeer-Combino. Cornetto war das klassische Eltern-Eis. Sonst gab es süße Gumminaschereien im losen Verkauf, die wir uns mit dem Einsammeln von leeren Pfandflaschen finanzierten: Erdbeerschnüre, saure Stangerl und alles, was Haribo produzierte. Bis auf die Qualität des Frittieröls hat sich beim kulinarischen Angebot bis heute nicht viel geändert.

Bevor man aber als Jugendlicher sehr unabhängig seine Sommer im Freibad verbringen konnte, musste man sich als Kind diverse Schwimmabzeichen erarbeiten. Schwimmenlernen war eine ebenso ernste Angelegenheit wie Skifahren, Lesen und Schreiben. Und wie beim Radfahren mit Stützrädern war die vorherrschende Methode des Schwimmenlernens eine Sackgasse: Mit Schwimmflügerln, die immer in der Achsel rieben, ging man zwar nicht unter und konnte mit den anderen im Wasser sein. Kaum ließ man sie aber weg, ging man unter wie ein Stein. So als wäre man noch nie im Leben im Wasser gewesen.

Wer beim Eintritt in die Volksschule noch nicht schwimmen konnte, absolvierte meist im Rahmen der Schule einen Schwimmkurs. Der Ehrgeiz war groß, rasch vom „Frühschwimmer" zum „Freischwimmer" zu werden. Danach folgte der „Fahrtenschwimmer" und zu Beginn der Mittelschule der „Allroundschwimmer".

Die Abzeichen wurden auf Badehose und Badeanzug genäht. Mit 14 Jahren konnte man „Rettungsschwimmer" werden, höhere Weihen konnte es gar nicht geben. „Baywatch" war nichts gegen das, was wir zu leisten bereit waren.

Optisch gaben wir nicht so viel her: Es herrschte Badehaubenpflicht. Was haben vor allem wir Mädchen mit den Latexbadehauben gehadert: Lange Haare mussten zuerst zusammengeknotet werden, dann wurde der Gummi gedehnt und mit Gewalt über den Kopf gezogen: eine durchaus schmerzhafte Erfahrung, die zu einem Liftingeffekt im Gesicht führte. Das Ausziehen war ebenso schmerzhaft und kostete einen viele Haare. Die Ränder der Badehaube hinterließen tiefe Rillen auf der Stirn. Burschen allerdings liebten das Ritual, wenn von der Gummihaut befreite Mädchen nach dem Schwimmen ihre langen Haare ausschüttelten.

Erwachsene Frauen, die träge und scheinbar ungerührt von den Vorgängen um sie herum ihre Bahnen zogen, trugen dicke Gummihauben mit Blumen und anderen Verzierungen. Es gab auch gerippte Badehauben in den funkigen Farben der 1970er-Jahre. Männer trugen zweifärbige Stoffhauben, die nicht über die Ohren reichten und irgendwie neckisch am Kopf thronten.

Wagten wir uns ohne oder mit schlecht sitzender Badehaube ins Wasser, schritt der Bademeister sofort ein. Es schwammen zwar Pflaster und allerlei andere Objekte im Wasser, aber Haare waren der größte anzunehmende Feind. Die Abflüsse waren leicht verstopft, Umwälzanlagen gab es großteils noch nicht. Mit Ende der 1980er-Jahre fiel die österreichweite Badehaubenpflicht: Das erste Mal ohne Badehaube fühlte sich aufregender an als vieles andere.

Ein Tag am See

Das Baden in einem der Salzkammergutseen hatte mit dem zuvor geschilderten Freibad eines gemeinsam: Das Wasser war immer saukalt. Touristen erkennt man bis heute daran, dass sie ewig im Seichten herumstehen, sich widerwillig mit dem Eiswasser benetzen, bevor sie dann schließlich kopfschüttelnd wieder umkehren. Einheimische springen einfach ins Wasser, weil sie wissen: Nur wer sich bewegt, friert nicht. Ist man an so einem See mit Trinkwasserqualität aufgewachsen, dann kommt einem jede andere Schwimmgelegenheit hoffnungslos verdreckt vor. Und viel zu warm.

An den See gelangten wir, anders als ins Freibad, niemals alleine. Wir fuhren mit der Familie oder mit unserer Großmutter. Da die Fahrt dorthin länger dauerte, blieb man gleich den ganzen Tag dort. Die Großmutter hatte selbst genähte Umkleidekabinen mit: Das war ein zusammengenähter Frotteeumhang, der bis zum Boden reichte und einen eingenähten Gummizug hatte, der unter den Achseln oder um den Hals festhielt. Darunter konnten wir uns ungestört umziehen. Und uns aufwärmen, wenn uns kalt war.

Großmütter saßen damals auf Metallklappbetten. Die mussten wir vom Auto ins Bad schleppen und schürften uns dabei an den Zacken der Scharniere die Schienbeine auf, bevor wir uns beim Aufstellen die Finger einklemmten. Wollte man die Neigung des Kopfteils einstellen, erwischte man oft eine Stufe zu steil, dann musste man von der Liege aufstehen, den Kopfteil ganz hinunterklappen, um wieder bei null anzufangen. Wir machten gerne ein Dreieck aus der Liege und setzen uns in die kleine Höhle hinein. Während wir als Kinder noch versuchten, uns die Liege zu schnappen, wenn die Oma gerade schwimmen war, hätten uns als Jugendliche keine zehn Pferde auf so ein Klappbett gebracht. Handtuch auf Wiese und

Holzpritsche waren angemessen, Liegestuhl ausnahmslos eine Niederlage. Da Seebäder meist nur ein Floß, ganz selten ein kleines Sprungbrett hatten, waren wir auf andere Zerstreuungen angewiesen. Als wir kleiner waren, nahmen wir trockenes Brot mit, um die Enten zu füttern. Dabei zwickten uns manchmal die Schwäne recht schmerzhaft.

Der Höhepunkt des Tages war aber, wenn wir uns nach dem Mittagessen, das wir immer selbst mitgebracht hatten, am Kiosk ein Eis und Comics kaufen durften. Im Kiosk am Fuschlsee führten sie „Mad" und „Clever & Smart". Das sollte unser Humorverständnis nachhaltig prägen.

Am späteren Nachmittag, wenn es nicht mehr so heiß war, ging es zum Bootsverleih. Manchmal fuhren wir Tret- oder Ruderboote, am liebsten aber mit einem der Elektroboote. Die hatten ein Riesenlenkrad, Kunstledersitze in Dunkelrot und damit die Anmutung eines amerikanischen Cabrios, vor allem zwei Geschwindigkeitsstufen vorwärts und einen Rückwärtsgang. Wir stritten uns immer darum, wer am Steuer sitzen durfte. Oder kletterten auf dem Heck herum und versuchten, das Bootstau in die Schiffsschraube zu halten. Hatte man das Steuer endlich ergattert, musste das Boot auch schon wieder zurückgebracht werden.

Neben dem Bootfahren war uns Minigolf das Liebste. Die Minigolfbahn hatte zwischen zwölf und 18 Löcher. Wir bekamen einen Schläger, einen Ball und ein Ergebnisbrett. Am liebsten war uns das Loch, an dem man den Ball, so fest man konnte, über eine Schanze in ein Netz schlagen musste. Und das allerletzte Loch. Wenn man getroffen hatte, verschwand der Ball im Häuschen des Minigolfbetreibers.

Später dann kam noch eine weitere Attraktion in Seenähe dazu: die Sommerrodelbahn. Mit einem umfunktionierten Schlepplift wurden wir in Schlitten mit Rollen einen Hügel hinaufgeschleppt, um dann eine Blechbahn hinunterzurasen. Das mit dem Rasen klappte meist nicht so: Entweder war der Bob defekt und bremste unentwegt oder ein japanischer Tourist blockierte eine Kurve.

Der Tag am See endete erst, wenn das Strandbad schon ohne Eintrittskarte für alle offen war. Obwohl wir heute nicht mehr genau sagen können, was wir eigentlich am See taten, wenn wir nicht aßen, lasen, Enten fütterten, Boot fuhren, Minigolf spielten oder „Mad" lasen, ist für uns bis heute die ultimative Form der Erholung ein Tag am See.

Echte Brüste wippen

Während heute schon dreijährige Mädchen Bikinioberteile tragen, stellten junge Frauen in den 1980er-Jahren recht zwanglos ihre Brüste zur Schau. „Oben ohne" war damals eine fast selbstverständliche Erscheinung, ob im Freibad oder im Urlaub am Strand. Die Eltern waren zwar dagegen, waren aber meistens nicht dabei und konnten ihren Töchtern nicht viel vorschreiben. Und die pfiffen sich nicht viel. Wie ein Busen auszusehen hatte, um als schön zu gelten, war nicht so eng umrissen wie heute: Sobald alles halbwegs symmetrisch war, ging das schon in Ordnung.

Brüste durften sichtbar sein und wippen. Für eine ganze Bubengeneration bleibt die Bawag-Werbung unvergessen, in der eine Familie Hand in Hand eine Wiese hinabläuft. Während von Zinsen die Rede war, galt das Hauptaugenmerk vieler wohl den hüpfenden Brüsten der fröhlichen Mutter. Sie trug selbstverständlich keinen Büstenhalter.

Einen BH zu tragen war eher eine modische als eine moralische Entscheidung. Üblich war es nicht. Ein Busen musste weder zusammengeschnürt noch hochgeschnallt oder ruhig gestellt werden. Es war auch okay, sogar durchaus gewollt, wenn sich Brustwarzen unter der Kleidung abzeichneten. Der sogenannte „Wonderbra", der nach den USA auch in Europa Furore machte, hat viel verändert. Silikonbrüste taten ihr Übriges. Das Schönheitsideal des frei beweglichen Busens wurde nach und nach durch festgezurrte pralle Kugeln ersetzt. Panzerartige BHs sorgen dafür, dass alles größer wirkt, als es ist, und an seinem Platz bleibt. Und schimmert etwas durch, wird „Nippelalarm" gegeben.

Zumindest in der Werbung hat Nacktheit heute kaum mehr etwas verloren. In den 1970er- und 1980er-Jahren mussten völlig unbekleidete Frauen für Produktwerbung aller Art herhalten: Egal ob es um Kameras ging, Spirituosen, Sonnencreme oder um Badezimmerausstattung. Die Produkte waren für Frauen, die Spots für Männer gedacht. Werbeeinschaltungen von „Fa" kamen besonders gut an: Schöne, nackte Frauen rekelten sich im Duschschaum und sprangen mit laszivem Blick in der Meeresgischt herum. Die Spots waren erotischer und professioneller inszeniert als viele der damals im Umlauf befindlichen Softpornos. (Für Jugendliche gehörte schon „Eis am Stiel" in den Softpornobereich.) Schon damals regte sich vereinzelt Widerstand gegen die als frauenfeindlich eingestuften Spots. Die nackte Fa-Fee hielt sich aber noch bis weit in die 1990er-Jahre hinein.

Für die Männer entwickelte sich die Bademode dagegen genau in die entgegengesetzte Richtung. Was vorher fixiert war, durfte plötzlich zwanglos baumeln. Denn Bade- und Unterhosen waren damals noch nach demselben Prinzip gestrickt: wenig Stoff, eng anliegend und wenig Potenzial, um etwas zu verbergen. Hatten Mädchen immerhin noch die Wahl, ob sie mit oder ohne Oberteil baden gingen, hieß Badehose für uns Burschen, Farbe bekennen. Das war gerade im Schwimmbad in Kombination mit den vielen blanken Busen durchaus ein Problem für den Pubertierenden. Deswegen war gegen Ende des Sommers auch der Rücken gebräunter als der Bauch.

Doch dann kam die Revolution in Form der Boxershorts. Am Beginn waren Boxershorts oft aus ganzen Stoffballen genäht, sodass es schwierig war, sie überhaupt unter einer normalen Hose unterzubringen. Oft hatten wir das Gefühl, Windeln zu tragen. Doch schon nach kurzer Zeit war eine Nicht-Boxershorts-Unterhose ein ähnliches Statement wie ein Schnurrbart. Nach und nach kamen Hybride aus klassischen Boxershorts und dem klassischen

Männerslip auf den Markt, die in der Lage waren, das Beste aus beiden Welten (Bequemlichkeit und Halt) zu vereinen.

Boxershorts revolutionierten dann auch die Männerbademode. Heute sind die Badeshorts in allen Längen (beinahe bis zum Knöchel) verfügbar. Die klassische Badehose trägt nur mehr der selbstbewusste, ältere Mann. Was den Komfort angeht, müssen wir plötzlich mit anderen Problemen kämpfen. Springt man mit Boxershorts ins Wasser, sammelt sich Luft in den Hohlräumen, sodass die ganze Hose unschön aufschwimmt. Steigt man aus dem Becken, nimmt man durch den vielen Stoff den halben Poolinhalt mit. Badeshorts muss man unbedingt wechseln, sie trocknen wegen der unglaublichen Stoffmenge oft in Stunden nicht und tragen sich nass wie ein feuchter Wickel.

Kirschen, Bauchweh und die falsche Ananas

Während wir heute völlig ungerührt im Winter teure Erdbeeren kaufen, um uns dann über den Geschmack zu ärgern, gab es Obst ausschließlich dann, wenn es die Saison erlaubte. Diese Zeitfenster öffneten sich nur kurz und waren dann wieder für ein Jahr geschlossen. Die kurze Reifezeit musste also voll ausgenützt werden.

Wir freuten uns wie verrückt auf die ersten Erdbeeren und konnten nicht genug davon bekommen. Nach einer Woche Erdbeeren stellte sich schon eine gewisse Erschöpfung ein. Wir aßen nur noch die schönsten, größten und nicht mehr auch die kleinen Angeditschten wie zu Beginn. Ging die Erdbeersaison langsam zu Ende, begann schon die Kirschenzeit.

Kirschen versprachen ein ganzes Erlebnispaket. Wir durften auf die Bäume klettern, um sie zu pflücken. Man konnte sie vom Nachbarsbaum stiebitzen, wenn er nahe genug am Zaun stand (reine Auslegungssache). Die Kirschenpaare hängten wir über die Ohren und lachten uns halb tot. Mit den Kernen wurde um die Wette gespuckt, und nach einer Kirschorgie lagen wir japsend auf dem Rücken, weil wir selbstverständlich nicht auf den Rat der Mutter gehört hatten, kein Wasser zu trinken, und nun furchtbar Bauchweh hatten. Knallrote, pralle Kirschen frisch vom Baum waren der Inbegriff des Sommers. Die Würmer nahmen wir in Kauf. Man durfte nur nicht so genau hinsehen.

Nach den Kirschen ging es mit den Marillen weiter. Es herrschte wieder akute Überessensgefahr: Anfangs gab es Marillen pur, geklaubt oder vom Baum. Es folgten Marillenknödel, Marillenkompott und Marillenbowle (für die Großen). Das Ende der Marillenzeit wurde mit einem mehrtägigen Marmelade-Einkoch-Marathon eingeleitet, bei dem die Mutter schon ziemlich erschöpft wirkte.

Aufgabe des Vaters war es, die in Rum eingeweichten Folien straff über die mit heißer Marmelade gefüllten Gläser zu ziehen und zu befestigen. Wir Kinder machten uns über den abgeschöpften Schaum her. Danach konnte für längere Zeit niemand mehr Marillen sehen. Aber es waren ohnehin schon die Pfirsiche im Anmarsch. Und dann die Zwetschken.

Das Obst, das wir mangels Baum nicht selber pflücken konnten, wurde damals noch auf Märkten angeboten. Niemand kaufte sein Obst in einem Supermarkt. Gegen Ende des Sommers gingen wir mit großen Rucksäcken mit der Großmutter auf den Markt, um Preiselbeeren (sehr unschick, aber unglaublich gut) in großen Mengen einzukaufen. Nach dem Einkochen stand dann eine riesige Anzahl von Rex-Gläsern – die mit dem schönen Wort „einrexen" in unserer Sprache verewigt wurden – mit Preiselbeermarmelade auf dem Küchentisch, die nach einem strengen Verteilungsschlüssel innerhalb der Familie und guten Bekannten verteilt wurde. Preiselbeeren gehörten damals nicht nur zu Wild, sondern fast zu jedem Braten, vor allem aber zum Wiener Schnitzel. Je länger das Jahr dauerte, desto sorgsamer musste man mit den restlichen Preiselbeergläsern umgehen. War alles aufgegessen, mussten wir in der Verwandtschaft betteln gehen. Wir wären niemals auf die Idee gekommen, Preiselbeeren im Geschäft zu kaufen.

Mit Mein und Dein nahmen wir es nicht so genau. Was auf den Feldern wuchs, gehörte uns genauso wie das, was wir im Wald fanden. Zwar schauten wir uns um, bevor wir Maiskolben, die wir Kukuruz nannten, abrissen, aber im Unrecht fühlten wir uns nicht. Es machten ja alle anderen auch. Und so viel Mais konnten wir gar nicht essen, dass es den Bauer schädigen könnte, dachten wir. Aus dem Wald holten wir Erdbeeren, Himbeeren und Brombeeren. Die vielen hauchdünnen Kratzer an den Beinen, die man sich von den

Brombeerhecken holte, gehörten zum Sommer wie das aufgeschlagene Knie.

Sogenannte Südfrüchte gab es übrigens nur als Kompott oder zu ganz besonderen Anlässen. Mangos oder Papayas hatten wir noch nie in echt gesehen. Wer von Ananas sprach, meinte meistens Erdbeeren (in Ostösterreich zumindest) oder das süße, weiche, weiße Ringerl, das mit der eingelegten Kirsche und den knallgelben Pfirsichstücken in der Konserve namens „Fruchtcocktail" schwamm. Oder später auf Toast und Pizza Hawaii thronte.

Wenn Gäste kamen

In unserer Kindheit war es unter Erwachsenen sehr unüblich, einfach so bei jemandem hereinzuschneien und zum Essen zu bleiben. Zwar hätte es immer zu essen gegeben, aber es war wichtig, keine Umstände zu machen. Das bedeutete, dass Erwachsene vielleicht auf ein Glas Wein oder einen Schnaps blieben, das Angebot, etwas zu essen, aber selbstverständlich ablehnten. Auch der Briefträger hatte nichts gegen ein Stamperl und einen kleinen Tratsch.

Grillen war noch nicht zur allgemeinen Freizeitbeschäftigung geworden. Zwar gab es in vielen Haushalten einen auf wackligen Beinen stehenden schmalen Grill. Benützt wurde er aber nur selten, und wenn, gab es meistens Ärger. Bis die Holzkohlen endlich glühten, war die Familie verhungert und der Grillmeister grantig. Also wurden Fleisch und Würstel immer zu früh aufgelegt und waren schließlich schwarz verbrannt.

Bei einer Essenseinladung gab es vor allen Dingen Mayonnaise: in Form von Schinkenrollen, russischen Eiern und zu Eingelegtem in Aspik. Vor dem zitternden Gelee ekelte uns, aber der Hang zur Mayonnaise blieb uns auch in unserem frühen Erwachsenenalter erhalten, als wir unsere eigenen Partys feierten. Es gab kein Fest ohne Nudelsalat, dessen Zubereitung wir in allen Varianten beherrschten, Hauptsache es war Wurst dabei und Mayonnaise. Dazu gab es Aufstriche: Liptauer, Eiaufstrich und Erdäpfelkas. Lud man zum Essen ein, gab es Fondue. Mozzarella und Rucola lagen noch in weiter Ferne. Dafür gab es Krabbencocktail. Mit viel Mayonnaise.

Das, was wir heute Netzwerken nennen, fand damals im privaten Bereich statt. Unsere Eltern gingen mit Arbeitskollegen, Vorgesetzten oder beruflichen Bekanntschaften nicht auswärts essen, sondern man lud zu sich nach Hause ein. Oder wurde eingeladen.

Auf jede Einladung hatte eine Rückeinladung zu folgen, wollte man die anderen nicht brüskieren.

Über die Zusammensetzung der Gästeliste wurde oft tagelang beraten: Für uns Kinder eine faszinierende Erfahrung, stießen doch unsere eigenen Wünsche und Bedenken bezüglich der Gästeliste für unsere Geburtstagsfeier nicht immer auf Verständnis – vermutlich weil sich unsere Vorstellungen bis zum angesagten Termin auch drei Mal täglich änderten.

Zu den wichtigsten Vorbereitungen gehörte, das Zuhause in den perfekten Zustand zu bringen. Man wollte sich ja von der besten Seite zeigen. Geputzt wurde alles, wohin sich der Gast aus Versehen verirren könnte. Ein Rundgang durch die Räumlichkeiten war zwar völlig unüblich, bis auf Eingangsbereich, Wohnzimmer und Gästeklo war nichts für die Öffentlichkeit bestimmt, aber man wusste ja nicht, welche Türen der Besuch öffnen würde. Beim Aufräumen gab es durchaus das eine oder andere Wortgefecht zwischen den Eltern. Es fielen die Worte „immer" und „nie".

War der aufregende Abend endlich gekommen, wurden wir Kinder dazu angehalten, etwas Schönes anzuziehen. Wir schüttelten artig Hände, ließen uns bereitwillig fragen, in welche Klasse wir gingen, was unser Lieblingsfach sei, und hörten uns an, wie klein und haarlos wir einmal gewesen waren. Danach aßen wir in der Küche, die Erwachsenen im Wohnzimmer oder im Speisezimmer. Wir durften von allen Speisen die Miniaturvariante essen, fanden unsere Mutter wunderschön und sagten ihr, wie gut das Essen schmeckte. Sie sagte jedes Mal, wenn sie in die Küche eilte, wie misslungen das Essen war, schlicht eine einzige Katastrophe. War der Besuch gegangen, schenkten sich die Eltern noch ein Glas ein und richteten erschöpft, aber fröhlich die Gäste aus. Das hörten wir bis in unser Kinderzimmer. Für uns waren solche Abende schöner als Kino.

Der Weg an die Adria

Aus heutiger Sicht hätten wir die Sommer damals gar nicht überleben können. Das begann zuallererst im Auto. Kindersitz? Schnecken! Anschnallen? Fehlanzeige! Kopfstützen hinten? Unbekannt! Selbst die ersten Gurte, natürlich nur für die Vordersitze vorgesehen, wurden von den Erwachsenen nicht einmal mit Verachtung gestraft. Angeschnallt Auto zu fahren war unmännlich, die persönliche Freiheit einschränkend, in Summe schlicht entwürdigend. Selbst nach der Einführung der Gurtpflicht im Sommer 1976 war Anschnallen ein absolutes Minderheitenprogramm. Wir lebten in einer Welt, in der es normal war, wenn allein rund ums verlängerte Wochenende zu Pfingsten mehrere Dutzend Menschen ihr Leben im Verkehr ließen. Im Jahr 1972 starben 2900 Menschen auf Österreichs Straßen und damit mehr als sechs Mal so viel wie im Jahr 2013.

Der Inbegriff der Autofahrt, der Weg an die oberitalienische Adria, der uns immer vorgekommen ist wie eine Weltreise, begann obligatorisch in aller Herrgottsfrühe. Man fuhr allerspätestens um fünf Uhr von zu Hause weg, die wirklich gut organisierten Familien brachen schon um zwei Uhr nachts Richtung Süden auf. Das hatte natürlich auch den Grund, dass man der großen Hitze entgehen wollte. Autos damals hatten (mit Ausnahme von Luxuslimousinen) allesamt keine Klimaanlagen. So fuhr man auch auf der Autobahn mit offenen Fenstern. Dazu kam noch das Argument, man würde durch die frühe Abreise allfälligen Staus ausweichen. Was natürlich ein großer Unsinn war, da ja alle spätestens um fünf Uhr im Morgengrauen in Richtung Adria aufgebrochen waren. Außerdem, so ein weiteres stehendes Argument, könne man so schon den Anreisetag am Strand nutzen. Was genauso wenig gestimmt hat. Wegen des Staus war man frühestens am frühen Nachmittag in Italien angekommen. Das Einzige, was nämlich noch mehr Zeit brauchte als die Strecke über die Tauern oder die schlecht ausgebaute Südautobahn oder gar über den immer schon vermaledeiten Brenner, war, von der Autobahnabfahrt Jesolo bis zum Strand an der Lagune zu gelangen: ein elendslanges Schleichen hinter Esel-Melonen-Karren, Dreirädern mit Mopedmotoren und deutschen Wohnwagen, die an einem Diesel-Mercedes hingen.

Bis man endlich in sein Hotelzimmer kam, war es nach 14 Uhr. Dann hatten alle Hunger, aber um diese Zeit schlafen Italiener und es gibt (nach wie vor) nichts zu essen außer ein paar staubtrockenen Toasts, aufgewärmten Pizzastückchen oder in Klarsichtfolie verpackten Croissants, die Brioche hießen. Zudem war die Laune mies. Kein Wunder: Alle Erwachsenen waren müde und unausgeschlafen. Nur wir Kinder nicht. Denn wir waren dazu angehalten worden, im Auto zu schlafen. Das erfolgte damals allerdings nicht angeschnallt und gut gesichert in einem TÜV-geprüften Kindersitz, sondern die Rückbank wurde ähnlich wie ein Schlafwagenabteil der Länge nach mit Decken und Polstern bestückt, und wir lagen ungesichert auf der Rückbank – das kleinste Kind legte sich oft sogar zwischen Vorder- und Rücksitzen auf den Boden, wozu sich der große Citroën DS ohne Schalttunnel am allerbesten eignete. Es gab einige schärfere Bremsungen, die uns von der Bank fallen ließen. Aber sonst ist – nach heutigen Sicherheitsmaßstäben fast unvorstellbar – alles gut gegangen.

Doch damit war der Gefährdungen noch nicht genug. Im Auto wurde selbstverständlich geraucht. Das Wort Passivrauchen war noch gar nicht erfunden. Eine längere Autofahrt in Österreich Ende der 1970er-Jahre bedeutete mindestens eine Schachtel Milde Sorte. Sollten die Kinder die Autofahrt überlebt haben, hatten sie in späteren Jahren zumindest noch die Aussicht auf Lungenkrebs.

Auf der Rückbank durch die magische Nacht

Die Fahrten durch das Morgengrauen oder bei der Rückfahrt durch die Nacht hatten immer etwas Magisches an sich. Man schlief, weil man müde war, aber auch weil man wusste, je länger man schlief, desto näher war man beim Aufwachen dem italienischen Schlaraffenland oder aber bei der Rückkehr dem Zuhause, das nach zwei Wochen anderswo plötzlich wieder fremd, aufregend und interessant geworden war. Plötzlich hatte das alte Spielzeug zu Hause wieder seinen Reiz, man sah das eigene Zimmer mit anderen Augen oder wusste, wie gut kaltes Wasser senza gas war, wenn man es einfach aus der Wasserleitung trinken konnte.

Wenn man aus dem Schlaf kurz an die Bewusstseinsoberfläche gespült wurde, war der Grund dafür meist, dass der Wagen langsamer geworden oder gar stehen geblieben war. Man sah durch nur leicht geöffnete Augen durch das Seitenfenster die Sterne mit dem Rot der Bremslichter vermischt. Grund für das Anhalten war entweder eine Baustelle, die mit ihren blinkenden Warnlichtern den Wagenhimmel in die tollsten Farben tauchte. Oder der Halt an der Tankstelle, wo man das gedämpfte Gespräch des Fahrers mit dem damals noch obligatorischen Tankwart wahrnahm. Oder man war an der Grenze, wo die Autos in einer langen Schlange – es fuhren ja alle am frühen Morgen – auf den Kontrollposten zurollten. Dann wurde das vordere Fenster runtergekurbelt, hinten war ein kalter Luftzug zu spüren, das Italienisch des Grenzers war zu hören, der wenig später mit einer Taschenlampe in den Fond leuchtete, um die Anzahl der Pässe in seiner Hand mit den Kinderköpfen auf der Rückbank zu vergleichen. Natürlich waren wir hellwach, wir stellten uns aber schlafend und waren froh, wenn das Auto wieder Geschwindigkeit aufnahm, um weiter Richtung Meer zu rollen, ohne zur genaueren Überprüfung auf eine Extraspur gewunken worden zu sein.

Ein anderer Grund für ein außerplanmäßiges Anhalten war, dass man sich verfahren hatte. Dann folgte in der Vor-Navi-Ära ein ausgiebiges – nur durch Fluchen des Vaters unterbrochenes – Kartenstudium. Die Karten hatte man in Stapeln im Handschuhfach. Eine Karte reichte immer nur ein bestimmtes Stück weit, auf dem Umschlag konnte man sehen, auf welcher Karte jenes Stück abgebildet war, in dem man sich in etwa verfahren haben musste. Diese Karte fehlte dann meistens. Hatte man sich dann vermeintlich zurechtgefunden oder die Suche aufgegeben, setzte wieder lautes Fluchen ein, war man doch in den nächsten Ort gefahren, um nach dem Weg zu fragen, und hatte schon nach der dritten Richtungsänderung wieder vergessen, wie es weiterging. Denn die Karten zusammenzufalten war nahezu unmöglich, vor allem für ungeduldige Väter. Sich zu verfahren galt als unmännlich, es wurde versucht, so lange wie möglich nicht zuzugeben, dass man nicht mehr so genau wusste, wo man sich genau befand. Es war dann häufig von einer Abkürzung oder einem Schleichweg die Rede. Was das spätere Eingeständnis, sich komplett verirrt zu haben, umso schwieriger machte. So wurden die Karten letztendlich wütend irgendwie ins Handschuhfach gestopft und für den nächsten Urlaub neue Karten besorgt. Garantiert wieder die falschen.

Cocobello und viele Nullen

Der ganze Sommer in einem Sandkübel – das war für uns Italien. Doch fast wichtiger als der Strand waren für uns kulinarische Fixpunkte. Das Eis (Pistazie), die Nudeln, Pizza, aber auch einfach Produkte, die es nur im italienischen Supermarkt gab, waren Synonyme für ein ganz anderes Lebensgefühl. Ein milder Streichkäse, auf dessen Packerl immer Pickerln waren, unbekannte Joghurtsorten im Glas oder Coca-Cola mit viel mehr Zitronenanteil, als wir es kannten. Das alles hat sich in uns als der Geschmack von Italien eingebrannt.

Der Tag verlief in Abschnitte unterteilt, an deren Ende die nächste Ration von irgendetwas Ess- oder Trinkbarem stand. Nicht zu vergessen die eigentlich ungenießbaren, sägespanartigen Kokosnussstücke, deren Attraktion nur der laut „Cocobello" rufende, völlig verschwitzte Mann mit seinem durchsichtigen Kübel und der Kokosnusszange ausmacht. Wie oft ist das Kokosnussstück schon nach wenigen Bissen in den Sand gefallen, wo wir das sandpanierte Ding erleichtert liegen gelassen haben, und trotzdem warteten wir am nächsten Tag wieder sehnsüchtig auf das ferne Cocobellorufen, als würde es die Erlösung bringen. Gleich danach begann das Warten auf den Eiswagen.

In der erweiterten Trafik gab es Plastiktiere und Spielfiguren in Säcken ebenso wie Murmeln, Rennautos, bunt bedruckte Bälle und in buntes Plastik verpackte Kindermagazine mit Gimmicks. Lauter Dinge, die uns zu Hause nicht weiter interessiert hätten, von denen hier an der Adria aber unsere Glückseligkeit abhing. Bezahlt wurde das alles mit dem seltsamen Geld, dessen Wert wir nicht verstanden, das ein paar Nullen zu viel hatte und dessen Scheine so mitgenommen und lebenserfahren wirkten, als hätten sie schon die tollsten Dinge mitgemacht. Ganz anders als das glatte, steife, ernste Geld, das wir von zu Hause kannten und dessen Umrechnungskurs in die D-Mark (dividiert durch sieben) uns mit der Muttermilch mitgegeben worden war.

Fasziniert waren wir auch von den bimetallischen Münzen, die wir so gern in kleine Gokarts, Ringelspiele oder Spielautomaten auf einem der vielen Luna-Parks verschwinden ließen. Immer mit den Eltern um Nachschub feilschend, egal wie viele Runden schon vorausgegangen waren. Das Spielgeld und die fremde Sprache sorgten dafür, dass selbst ein Panino mit Prosciutto zum kulinarischen Ereignis wurde, obwohl es nach heimischen Maßstäben – wir denken da etwa an eine Leberkässemmel mit Gurkerl und Senf – doch eine recht trockene Angelegenheit war.

Gar nicht zu reden vom Besuch eines Restaurants am Abend. Die Entscheidung zwischen Pizza und Nudeln war jeden Abend wieder unendlich schwer, das Ergebnis allerdings in jedem Fall ein voller Erfolg. Doch bevor das Essen gebracht wurde, kämpften wir mit den Geschwistern einen verbissenen Kampf um die kostbaren Papiersackerln mit Grissini, die fixer Bestandteil des italienischen Gedecks waren.

Unser Weißer Hai war die Qualle

Das Herrliche an Italien war: Wir konnten uns völlig frei bewegen. Der Strand war breit und von der Straße durch Mauern oder sogar das Hotel, das wir bewohnten, abgetrennt. Das Meer war ganz lange seicht, selbst nachdem es uns schon knapp bis zum Hals gestanden war, wurde es, bevor es wirklich die Bezeichnung Meer verdiente, noch einmal ganz flach. Trotzdem lieferten wir uns die wildesten Kämpfe mit den Wellen, die uns an stürmischen Tagen fest zu Boden drückten, bevor sie uns wieder kurz an der Oberfläche nach Luft ringen ließen.

Angst hatten wir aber eigentlich nur vor den Quallen, die wir so gut wie nie lebend zu Gesicht bekamen. Aber diese durchsichtigen Geleehaufen, die wir beim ersten Strandbesuch in der Früh angespült fanden – aufgestanden sind wir sehr zum Leidwesen unserer Eltern schon im Morgengrauen, zu aufregend war die Welt, die draußen auf uns wartete –, waren in ihrer Leblosigkeit die perfekten Projektionsflächen für unsere wildesten Fantasien. Mit einer gewissen Angstlust hörten wir die Geschichten von den Nesselquallen, deren Tentakel angeblich grässliche Spuren auf der Haut hinterlassen würden. Die Quallen waren quasi unser Weißer Hai. Das Einzige, das wir in der aufgeheizten Juli-Adria schließlich an unserer Haut zu spüren bekamen, waren vollgesogene Damenhygieneartikel.

Bräune schinden als Urlaubsziel

Die eigentliche Bedrohung aber war sehr real und sehr nahe: die Sonne. Doch obwohl Sonnencreme selbstverständlich schon erfunden war, wurden wir nur am Beginn der Ferien eingeschmiert. Kleinkinder hatten zwar oft Hut und T-Shirt an, spätestens ab dem fünften Lebensjahr war ein ordentlicher Sonnenbrand pro Urlaub aber Pflicht. Die Sonnenschutzfaktoren waren irgendwo zwischen zwei und zehn angesiedelt. Sunblocker war nur etwas für Säuglinge.

Primäres Ziel eines Urlaubes war es, braun zu werden. Dafür legten sich vor allem Erwachsene ausdrücklich und ausdauernd in die Sonne – oft stundenlang –, ohne sich zu bewegen, um Bräune zu schinden. Wenn die Haut überhaupt eingeschmiert wurde, dann mit Tiroler Nussöl. Also nicht um sie zu schützen, sondern um sie schneller braun zu machen. Am Abend in der Fußgängerzone ähnelten die Urlauber Würsteln auf dem Grill. Je nach Hauttyp von hellrot gefleckt bis zu tiefbraun.

Die Sehnsucht nach Bräune war aber nicht nur den Touristen aus Österreich und Deutschland vorbehalten. Auch Italiener nahmen die Sache sehr ernst. Sie standen in Grüppchen knietief im Wasser und quatschten miteinander lautstark und ohne Unterbrechung, oft den ganzen Nachmittag lang. Erst später verstanden wir, was das Herumstehen im Wasser brachte: Dank der Reflexion wurden sie so von allen Seiten gleichmäßig braun. Die Kulturtechnik der Binnenländler war eher das regelmäßige Wenden. Schwimmen sahen wir italienische Erwachsene selten: Viele hatten es nie gelernt.

36 Fotos für die Ewigkeit

Das Wort, das unsere analoge Welt wohl am besten zusammenfasst ist: eingeschränkt. Nicht nur wegen der fehlenden Möglichkeit, sich mittels eines Klicks durch die ganze Welt zu bewegen, sondern auch was das eigene Freizeitverhalten betraf. Man musste vorplanen und man musste haushalten – und das gerade in einem Alter, wo der Wunsch nach Maßlosigkeit am größten ist.

Das Paradoxe war, dass wir gerade für den Urlaub, in dem man Zeit im Überfluss hatte, unsere Hirn- und Seelennahrung (also Bücher und Musik) so genau rationieren mussten, dass wir vor Ort unterhaltungsmäßig bald auf dem Trockenen saßen. Bücher und Musikkassetten waren schwer und verschlangen viel Platz im Koffer. Wenn uns dann die eine Kassette, das eine Buch schon auf die Nerven ging oder doch nicht gefiel, verfluchten wir uns für die Entscheidungen, die wir zu Hause beim Einpacken getroffen hatten. Fortan umkreisten wir Familienmitglieder in der Hoffnung, ein ausgelesenes Buch könnte für uns abfallen.

Eine Filmrolle fasste 24 oder 36 Aufnahmen und war nicht gerade billig. Fuhr man weg, musste man sich überlegen, wie viele Fotos der Urlaub wert war. Ob man einen Farb- oder einen günstigeren Schwarz-Weiß-Film mitnehmen wollte. Natürlich konnte man Filme auch im Ausland kaufen, aber selbst in Ländern, deren Preisniveau niedriger war, kosteten sie mehr als daheim. Außerdem wäre das Nachkaufen wieder ein Beweis für falsche Urlaubsplanung gewesen, und Planung war alles: Das Ziel war, im Urlaub möglichst nichts kaufen zu müssen, was man auch von daheim hätte mitnehmen können. Was für eine schöne Urlaubserinnerung eine Tube Zahnpasta mit italienischer Aufschrift gewesen wäre, kam niemandem in den Sinn.

Das hing natürlich auch damit zusammen, dass man sich schon vor dem Urlaub genau überlegen musste, wie viel Geld man wechseln würde. Devisen sollten möglichst so eingesetzt werden, dass man, ohne in einer teuren Wechselstube oder an der Hotelrezeption umtauschen zu müssen, am Ferienende kein Geld mehr übrig hatte. Gerade bei den südlichen Währungen war es ja so: Im darauffolgenden Sommer waren sie oft wegen der Inflation nur mehr einen Bruchteil wert. „Es kommen wieder ein paar Nullen dazu", sagten die Erwachsenen aus Hartwährungsländern gerne abschätzig.

Reste der ausländischen Währung wurden am letzten Abend beim Essen, in dubiosen Geschäften, für Dinge, die niemand brauchte, oder im Duty Free Shop am Flughafen ausgegeben. Besonders beliebt: Lederwaren. War man im Süden, musste laut ungeschriebenem Gesetz etwas aus Leder gekauft werden, denn südliches Leder war dem Ruf nach besonders hochwertig, die aus ihm gefertigten Schuhe, Taschen und Jacken galten als schick und dieses Gesamtpaket als besonders preiswert. So kauften Väter Schuhe und Gürtel, Mütter Lederbeutel und Geldbörsen, wir Kinder mussten bei 35 Grad Lederjacken anprobieren. Die rochen zwar gut, wir zogen sie aber daheim kein einziges Mal an.

Es wurde also nicht drauflosgeknipst, sondern mit Bedacht fotografiert. Ein gleiches Sujet zweimal zu knipsen wäre undenkbar gewesen. Gleichzeitig wusste man erst nach dem Entwickeln, ob aus dem Foto auch etwas geworden war. Das Risiko, diesen einen kostbaren Moment für immer zu verlieren, war also groß. Umso größer war die Freude, wenn es uns gelungen war, ihn für immer festzuhalten. Einen Vorgeschmack auf einen Vorteil der digitalen Fotografie, nämlich die unmittelbare Verfügbarkeit, lieferte uns die kurze Ära der Sofortbildkameras. Das Warten, bis auf der zunächst weißen Fläche zuerst nur Schlieren, dann nach und nach Farben und Konturen entstanden, übte auf Erwachsene und Kinder den gleichen Zauber aus, der nicht zuletzt auch dem faszinierenden Wort Polaroid geschuldet war.

Die digitale Fotografie hat alles verändert. Einerseits ist die Menge der Fotos nicht mehr administrierbar. Was dazu führt, dass es unzählige Fotos gibt, aber auch irgendwie keines. Früher schaffte es ein einziges Foto (das relativ Beste aus einem Sommer) innerhalb einer Familie zu Ikonenstatus: Bei uns zu Hause steht ein Foto im Wohnzimmer, das uns Geschwister in Handtücher gewickelt in einem Holzboot an einem See im Salzkammergut zeigt. Man könnte nicht einmal sagen, dass es ein besonders gutes Foto ist, aber es ist zum Sinnbild unserer Kindheit geworden. Früher machte man sich die Mühe, zumindest zweimal im Jahr ein Fotoalbum zu füllen – sie stehen bis heute im Bücherregal, viele neue sind nicht dazugekommen.

Heute verfügen wir über Tausende Fotos und Kurzvideos unserer Kinder auf Handys, Digitalkameras, Speicherkarten, USB-Sticks und verschiedensten Festplatten verstreut. Wir haben nie die Zeit, jene herauszusuchen, die es verdient hätten zu überdauern. Oder das zeigen, was wir gefühlt haben. Ein Foto für immer zu löschen ist eine zu schwierige Entscheidung für uns. Diesen Moment gab es auch schon in der analogen Welt im Fotogeschäft. Dort mussten wir innerhalb von fünf Minuten entscheiden, welche Bilder wir behalten (und bezahlen), welche wir zurückgeben wollten. Obwohl uns die Negative blieben, wussten wir genau, ein einmal zurückgegebenes Foto würde es nie mehr auf Papier schaffen. So schieben wir heute einen Riesenwust an Bildern vor uns her. Ohne uns jemals zu entscheiden.

Andererseits hat die Möglichkeit, ein Foto gleich oder während der Aufnahme („Selfie") zu kontrollieren, natürliche Schnappschüsse nahezu ausgerottet. Bei einem Gruppenfoto gab es früher immer mindestens eine Person, die besonders belämmert aussah, aber damit zu leben hatte. Heute wird so oft fotografiert, bis für alle die eine optimale Aufnahme dabei ist. Gelingt das nicht, bleibt immer noch die Nachbearbeitung. Gut für die Eitelkeit der Betroffenen, schlecht für den Unterhaltungswert des Fotos.

Idealerweise war eine Filmrolle mit dem letzten Urlaubstag ausgeknipst. War der Film aus, der Urlaub aber noch nicht, mahnten Eltern, nicht einen neuen Film einzulegen. Das Argument: „Den kannst du nicht mehr ausfotografieren." Hätten wir schon können, aber Vergeudung gehörte ja zu den großen Sünden. Wenn es aber doch so kam, dass ein Film nicht mit dem Urlaub endete, wurden die fehlenden Fotos nach und nach bei diversen großen Anlässen abgearbeitet, denn eine Kamera im Alltag dabei zu haben war unüblich, deshalb waren alle entspannter, weil man nicht immer Gefahr lief, überraschend fotografiert zu werden. Nicht selten fanden sich dann auf einem Film Weihnachtsfotos neben den letzten Sonnenstrahlen des Sommerurlaubs.

Erst Tage, meist Wochen nach dem Urlaub kam man an die entwickelten Fotos. Den Umschlag mit den Ausarbeitungen zu öffnen war wie Geschenkauspacken. Meistens waren die Aufnahmen dann nicht so toll wie erwartet, manche Fotos aus unerklärlichen Gründen schwarz. Und das letzte Foto, das es eigentlich gar nicht geben durfte – manchmal gab die Filmrolle noch bis zu zwei Fotos mehr her –, war oft das Beste. Aber leider in der Mitte abgeschnitten.

Die Eroberung der Welt

Der größte Wunsch von Heranwachsenden, einmal einen Urlaub ohne Eltern zu verbringen, wurde nur schrittweise erfüllt. Sprachferien waren nicht gerade das, wovon wir geträumt hatten, als uns die Idee nahegebracht wurde, im Sommer drei Wochen in England zu verbringen, bei Gasteltern zu wohnen und in eine Schule zu gehen. Was war das für ein schlechter Deal! Wir ahnten ja nicht, dass diese drei Wochen uns in eine Welt voller Abenteuer und Alkohol katapultieren sollten.

Sprachferien fanden in südenglischen Städten wie Bournemouth, Eastbourne und Brighton statt und hatten, unabhängig ob es sich um einen großen Veranstalter oder kleinere Konkurrenten handelte, ähnliche Grundstrukturen. Gasteltern waren zumeist Paare, deren Kinder schon aus dem Haus waren und die das Geld, das sie für Kost und Logis bekamen, sehr gut brauchen konnten. Eine der ersten Wendungen, die wir auf Englisch lernten, war, was „well to do" bedeutete, und wir erlebten, wie es jenen ging, die gar nicht „well to do" waren. Die Familien nahmen bis zu sechs Schüler gleichzeitig auf.

Unsere Gasteltern wiesen uns ein Zimmer zu, klärten uns über Essens- und Badezimmerzeiten auf – was gerne auch schriftlich festgehalten und an die entsprechenden Türen geklebt wurde – und sprachen bis zu unserer Abreise kein persönliches Wort mehr mit uns. So viel also zum Eintauchen ins englische Leben bei ausgewählten Familien. Wir waren anfangs zwar ein wenig gekränkt und hatten Heimweh, aber das sollte sich rasch legen, als wir merkten, dass die Gleichgültigkeit der Gastgeber uns ungeahnte Freiheiten gab. Es war ihnen völlig egal, wann wir gingen und wann wir wiederkamen.

Die Wendeltreppen in den schmalen Häusern waren so steil und eng, dass der Koffer unten ausgepackt und die Habseligkeiten einzeln ins Obergeschoß gebracht werden mussten. Der weiche, tiefe Teppichboden war voll mit Katzenhaaren und Bröseln. Wenn man viel Pech hatte, bewegte er sich auch. Flohbisse sollten wir also auch nach Hause bringen.

Zum Frühstück erwartete uns die erste Offenbarung: So etwas Wunderbares und Weiches wie englisches Toastbrot hatten wir noch nie gegessen. Und wir haben es uns für unser ganzes Leben angewöhnt, Tee mit Milch zu trinken und darin Cookies einzutauchen. Das war es dann aber auch schon mit den kulinarischen Höhepunkten. Zum Toast gab es Zitronengelee und Orangenmarmelade, glitschige Bohnen mit Tomatensauce, verbrannte Tomaten, scharf gewürzte Würstchen und Spiegeleier, bei denen der Dotter noch zitterte. Es war so anders als daheim, so herrlich fremd. Und trotzdem grauslich.

In der Schule wartete die zweite Offenbarung: Englisch sprachen nur die Sprachlehrer: Studenten, die ihrer Aufgabe eher lässig nachkamen, eine Handvoll professioneller Lehrer und ein paar Lebenskünstler, die hübsche Schülerinnen eindeutig bevorzugten. Die Schüler kamen aus aller Welt, von Saudi-Arabien über China bis hin zu Deutschland, woher die größte Gruppe stammte. Zumindest die europäischen Schüler hatten ein gemeinsames Ziel: ausgehen, Party machen, schmusen. Wir waren sprachlos vor Glück.

Während unserer Ausflüge nach London kamen wir erstmals mit einer echten Großstadt in Berührung, Wien war damals noch ein ziemlich verschlafenes Nest. Die Gleichzeitigkeit, das Tempo und die Dimensionen faszinierten uns auf Anhieb. Wir wussten, dass wir später einmal in einer richtigen Stadt leben wollten, auch wenn die Burger bei McDonald's ganz anders schmeckten als zu

Hause. Von unseren Ausflügen auf dem Camden Market brachten wir stolz T-Shirts mit der Aufschrift „Frankie Says Relax" mit, das auch David Bowie in einem seiner Videos trug. Und waren dann etwas beschämt, als wir merkten, dass die Gegen-T-Shirts mit der Aufschrift „Who Gives A Fuck What Frankie Says" inzwischen längst der letzte Schrei waren.

Angesichts des Verlaufs der Sprachferien ist es ein Wunder, dass wir doch sehr passabel Englisch gelernt haben. Die Sprachkenntnisse rührten zwar eher von den Erlebnissen im Pub her als von der Schule, aber unserem Akzent hat der Aufenthalt nachweislich gutgetan. Unserer Persönlichkeit auch: Wir hatten einen kurzen Blick auf die große, weite Welt geworfen – und das nicht nur im geografischen Sinn. Wir hatten uns verliebt, entliebt, zum ersten Mal „Silk Cut" geraucht, Sausage Rolls, Fish & Chips und die absurdesten Pies probiert, Cadbury's Schokolade gegessen, Cider getrunken und uns nächtens auf einem Golfplatz übergeben. Unsere Kinder werden selbstverständlich keine Sprachferien machen dürfen.

Schwarze Flecken im Lebenslauf

Nach unserer ersten eigenen Reise hatten wir Blut geleckt. Um weitere Eskapaden zu finanzieren, wollten wir künftig einen Teil der Sommerferien dem Gelderwerb widmen. Ferialjobs waren in Zeiten des wirtschaftlichen Aufschwungs nicht schwer zu bekommen. Begehrt war, was möglichst viel Geld in möglichst kurzer Zeit brachte. Die Mädchen tendierten zur Gastronomie und zu diversen Hilfsdiensten bei kulturellen Veranstaltungen, die Burschen zu Jobs in Fabriken, bei der Post und in den Regalen von Supermärkten. Je härter und anstrengender die Arbeit war, desto besser war sie bezahlt. Große Industriebetriebe, etwa die Voest, konnten mit Ferialpraktikanten den Schichtbetrieb trotz urlaubender Stammarbeiter voll aufrechterhalten. Neben dem guten Verdienst war es auch wichtig, die Botschaft zu transportieren, dass man sich als Schüler einer höheren Schule für nichts „zu gut" war.

Auch später, während der ersten Studienjahre, hing die Auswahl des Jobs vor allem von den Verdienstmöglichkeiten und nicht so stark vom Renommee ab. Ganz zu schweigen von der Expertise, die man vielleicht für den zukünftigen Job brauchen könnte. Wir hatten ja noch keine Ahnung, wohin uns der Wind treiben könnte und verloren keine Gedanken, wie der eine oder andere Job in unserem Lebenslauf aussehen würde. Hauptsache, er brachte genug Geld, um auf eine ordentliche Reise gehen zu können.

Später, als wir uns um die ersten Jobs bewarben, wussten wir nicht, ob wir die diversen Ferialjobs – „Praktika" konnte man sie eher nicht nennen – auch in unseren Lebenslauf schreiben sollten. Wir taten es schließlich, auch um die lange Studiendauer ein wenig zu relativieren. Glücklicherweise hatten wir noch die Anfänge des Erasmus-Programms miterlebt, das die EU 1987 einführte, und konnten stolz wenigstens ein paar Auslandssemester vorweisen. Damals soll es sogar Vorgesetzte gegeben haben, die die teils ungewöhnlichen Ferialjobs positiv vermerkten – etwa als Zeichen sozialer Kompetenz oder von Durchhaltevermögen. Nur leider waren das nicht unsere Vorgesetzten.

Die verschärfte Konkurrenz am Arbeitsmarkt und die Situation an den Universitäten lassen solche Leerläufe (ob sinnvoll oder nicht) nicht mehr zu. Die Fort- und Weiterbildung von Studenten ist weitaus effizienter geworden. Vielleicht bleiben dadurch gewisse soziale Erfahrungen auf der Strecke. So schlecht ausgebildet wie wir, im Sinn von brauchbaren Zusatzqualifikationen, ist die nächste Generation aber sicherlich nicht mehr.

Es fährt ein Zug nach nirgendwo

Mit dem Maturazeugnis in der Tasche stand uns mit einem Schlag die ganze Welt offen. Die Eltern hatten ihr Versprechen gehalten: Ab jetzt waren wir selbst für uns verantwortlich. Nach der Maturareise, die wohl die meisten von uns auf irgendeiner griechischen Insel verbracht hatten – nur mit den Klassenkameraden, groß organisierte Maturareisen gab es noch nicht –, wartete auf uns der längste Sommer unseres Lebens.

Die meisten Burschen mussten im Herbst einrücken. Wer den Dienst an der Waffe, wie es hieß, verweigerte, hatte bis 1992 die sogenannte Gewissensprüfung zu absolvieren, um auf seine pazifistische Überzeugung abgeklopft zu werden. Eine Situation, der viele nicht gewachsen waren. Vor allem auch, weil der eigentliche Grund für den Pazifismus mehr in der Bequemlichkeit lag, zu Hause zu übernachten. Also Bundesheer, wenn auch mit Todesverachtung. Außer eine tatsächliche oder vermeintliche Unzulänglichkeit öffnete den Weg aus der Musterungsstraße hinaus in die Untauglichkeit: ein Jackpot. Nur für Burschen aus dörflichen Strukturen galt es durchaus noch als Schande, beim Heer nicht genommen zu werden. Auch die Mädchen zerstreuten sich in alle Winde: Es ging auf verschiedene Universitäten und Lehrgänge entweder ins Ausland oder dorthin, wo die Liebe wartete. Dieser letzte Sommer war etwas Besonderes und wir wollten die Welt erobern. Wir fuhren „auf Interrail".

Die Vorbereitung auf die große Reise war schnell erledigt: Jeder sagte, wohin er unbedingt fahren müsste, und wir klapperten die Ziele der Reihe nach ab. Die klassische Route führte quer durch Italien, Spanien, Portugal und Frankreich. Die große Route beinhaltete auch Belgien, die Niederlande und Großbritannien. Einerseits gab es Orte, wo man einmal gewesen sein musste, wenn auch nur kurz: Paris (umsteigen am Gare de l'Est), Rom (ein Eis auf der Piazza Navona), Florenz (hatten wir den Eltern versprochen) und Barcelona (das Eingangstor zu Spanien). Andererseits gab es Herzensziele aus den unterschiedlichsten Gründen: Pamplona (wegen Ernest Hemingway), Amsterdam (Coffeeshops und nackte Frauen in der Auslage), Porto (die Brücken und viel Portwein), Granada (einfach wunderschön) und die Algarve (hohe Wellen, tolle Feste). Alles, was dazwischen lag, nahmen wir einfach mit.

Wir packten die Tramperrucksäcke so leicht wie möglich, versprachen den Eltern, uns regelmäßig zu melden, bestiegen den Zug und rollten mit großem Glücksgefühl in Richtung Süden. Das schmale Heftchen mit den vielen Seiten, auf denen die einzelnen Zugstrecken eingetragen und abgestempelt wurden, war ebenso kostbar wie die Traveller Cheques (in US-Dollar), die wir während der gesamten Reise um den Bauch oder um den Hals bei uns trugen. Diese Schecks hatten wir bei unserer lokalen Bankfiliale bestellt und mit größerem Stolz als unser Maturazeugnis abgeholt.

Die Schecks gegen die jeweilige lokale Währung einzutauschen war gar nicht so einfach. Nicht jede Bank war zu diesem Dienst bereit. Und jene, die es waren, hatten immer nur sehr kurz geöffnet. Vor allem im Süden war die Ausstattung größerer Banken geradezu feudal: Wir schlichen mit unseren modrigen Espandrillos oder mit noch übler riechenden Turnschuhen über glänzende Marmorböden und stellten uns artig vor der Kasse an. Dort mussten wir uns umständlich ausweisen und schließlich einen nicht unbeträchtlichen Betrag für die Transaktion bezahlen, was uns sehr verärgerte. Vor jedem Grenzübertritt versuchten wir die Währung vollständig auszugeben. Dann saßen wir im Nachtzug mit mehreren Dosen Bier, aber nicht mehr genug Geld für eine Flasche Wasser.

Rückblickend war Interrailreisen ein einziges großes Fest fröhlicher junger Menschen, die Europa und dabei ihre Sexualität entdeckten. Wenn man ehrlich ist, gibt es aber auch dunkle Flecken in den Erinnerungen: Das Autostoppen, streng verboten von den Eltern, ging nicht immer gut aus. Nicht alle coolen Leute, die man kennenlernte, blieben auch nach ein paar Gläsern Alkohol und einem Joint cool. Wir hielten uns zu Unrecht für unverwundbar. Die Orte, an denen wir abseits von Campingplätzen unsere Nächte verbrachten (am Strand, auf Parkplätzen, bei Regen unter Brücken), waren nicht frei von Risiko. Fast jeder lernte die einheimische Polizei kennen, entweder weil man bestohlen worden war oder weil man Gesetze gebrochen hatte. Am Strand zu schlafen war zum Beispiel fast überall illegal. Die Einvernahmen durch die Polizei waren furchteinflößend.

Sich nicht daheim zu melden galt als Signal, dass alles in Ordnung sei. Damit konnten wir hervorragend leben, wie es unseren Eltern ging, die teils wochenlang nichts von uns hörten, war uns kaum einen Gedanken wert. Wir riefen von der Telefonzelle an – natürlich per R-Gespräch, weil es sonst zu teuer gewesen wäre –, wenn etwas passiert war, was elterliches Eingreifen nötig machte: wenn das Geld ausgegangen oder medizinische Hilfe notwendig war. Von grenzüberschreitender medizinischer Versorgung wie heute konnte man nur träumen. Nicht erreichbar zu sein verschaffte Jugendlichen ein unbändiges Freiheitsgefühl – und den Eltern große Hilflosigkeit.

Nach drei bis vier Wochen kamen wir unendlich müde und dreckig und ohne einen Groschen Geld nach Hause zurück. Beim ersten Abendessen im Kreis der Familie war man von Herzen froh, wieder daheim zu sein.

Herbst

VOM JAUSENBROT
ZUM BROTSTUDIUM

Der Herbst war ein Hund. Ein nasser, schmutziger Hund. Vor allem am Beginn versuchte er uns einzuwickeln, indem er sich als besserer Sommer nur ohne dessen Hitzespitzen tarnte. Doch schon im Altweibersommer lauerte der Fürst der Finsternis hinter der Ecke. Die Tage wurden immer kürzer. Und da wir noch keine Nächte zur wachen Verfügung hatten, wurde auch unser ganzes Leben deutlich kürzer. Zwischen dem Aufstehen in der Dunkelheit und dem Sonnenuntergang lagen nur ein paar Stunden, und die mussten wir zum größten Teil an einem Schreibtisch zubringen.

Nun hieß es, die Zähne zusammenzubeißen. Bis zum Heiligen Abend lag eine beinahe ununterbrochene Schuldurststrecke vor uns. Vier Monate sind schon prinzipiell nicht wenig, im Leben eines Kindes oder Jugendlichen aber nahezu unabsehbar lang. So kippten wir nun von einem Moment auf den anderen rücklings aus der Ferienfreiheit in die Zwangsjacke der „Übergangszeit".

Diese Übergangsjacke war wasserdicht, weil es zumindest im Westen des Landes viel regnete. Eigentlich war das egal, wir hielten uns nach Monaten im Freien nun sowieso vorwiegend drinnen auf. Drinnen im Bus zur Schule, drinnen in der Klasse, drinnen im Bus nach Hause, drinnen in unserem Zimmer beim Aufgabenmachen. Doch selbst wenn wir unsere Pflichten endlich erledigt hatten, blieben uns nur wenige Möglichkeiten. Das Rad blieb in der Garage, die Wiesen waren gatschig und die Kastanien schon alle eingesammelt.

Noten waren wichtig. War das Zeugnis gut, bekam man ein wenig Geld dafür, war es schlecht, bekam man Schwierigkeiten. Uns schien das logisch. Wir wurden auch außerhalb der Schule ständig beurteilt. Die größte Angst galt dem Sitzenbleiben, dem Verlieren eines Jahres. Sitzengeblieben sind wir nie. Aber wir haben später sicher mehr als ein Jahr an der Uni verplempert.

Die allgemeine Vorgabe lautete, erlerne einen Brotberuf. Das Gegenstück zu einem Brotberuf war für die Erwachsenen das Hobby, also das, was man wirklich gern tat. Neigungen in andere Richtungen war in der Freizeit nachzugehen. Arbeit war Schweiß, das Herz wurde in den Hobbykeller gesperrt.

Während sich in Heiratsdingen auch für unsere Eltern schon die Herzensentscheidung durchgesetzt hatte (von unseren Großeltern hörten wir über ihre Ehen noch oft, man habe sich „über die Jahre zusammengerauft" und irgendwann schließlich „lieben gelernt"), galt für das Berufsleben das strenge Diktum von der Pflichterfüllung. Vor allem alleinverdienende Männer oder zumindest solche Besserverdiener, die einen Löwenanteil des Haushaltseinkommens heranschafften, zelebrierten ihr tägliches Arbeitsleid als Dienst an der Familie und rechtfertigten so all die Freiheiten, die sie sich herausnahmen, wenn sie zu Hause waren. Derjenige, der das alles (Haus, Familie, Ausbildung etc.) ermöglichte, musste natürlich nicht den Tisch abräumen. Und in den selteneren Fällen selbst sein Bier holen. Die Autorität gründete sich auf das Geldverdienen. Wer verdiente, hatte das Sagen. Nicht viele Mütter verfügten über genug Geld, um damit auch ein Mitspracherecht zu haben. Wir Kinder sowieso nicht.

Wir wollten zwar nicht so hart arbeiten wie die Väter, aber mindestens so gut leben. Der finanzielle Rückhalt durch die Eltern war ein bequemes Basislager, um in Ruhe eine andere Aufstiegsmöglichkeit zum Gipfel zu überlegen. Die Annehmlichkeiten, die sich aus der Arbeitswelt der Eltern ergaben, waren dabei recht willkommen. Anders leben wollten wir trotzdem, später einmal. Unseren Interessen nachgehen, glücklich sein, nicht alles verschieben. Nur den Einstieg in das richtige Berufsleben zögerten wir möglichst weit hinaus. Das war nicht besonders schwierig, Anfang der 1990er-Jahre an den Unis, wo wir am Abend mit Professoren bis in die Nacht über Literatur diskutierten. Nicht über unsere Chancen am Arbeitsmarkt. Nebenbei hatten wir ja vereinzelt Jobs, die Spaß, aber sich kaum bezahlt machten. Unsere Eltern murrten – und unterstützten unsere Sinnsuche trotzdem.

Wir hatten als Kinder gelernt, dass Sicherheit etwas Erstrebenswertes war. Dass man an vieles denken musste, damit an alles rechtzeitig gedacht war. Dass man fürchtete, etwas Unvorhergesehenes könnte das Leben durcheinanderbringen. Bei einer Reise war es am wichtigsten, wohlbehalten wieder nach Hause zu kommen. Dass man nicht bestohlen worden war, keine Lebensmittelvergiftung bekommen hatte und die vorgeschriebenen eineinhalb Stunden früher am Flughafen eingecheckt hatte. Ein reibungsloser, vorhersehbarer Ablauf war Beweis für einen gelungenen Urlaub. Mit dieser Einstellung ging man auch im Alltag keine Risiken ein.

Als Teenager wurde uns diese Welt viel zu eng. Wir hatten Sehnsucht danach, dass nun endlich das richtige Leben beginnen möge und merkten nicht, dass wir schon mittendrin steckten.

Schutzanzüge gegen Scharlach

Der erste Schritt aus dem Elternhaus hinaus in die Welt führte geradewegs in den Kindergarten. Viel ist davon nicht hängengeblieben. Wir verbrachten dort aber auch nicht allzu viel Zeit. Vor dem vierten Geburtstag in den Kindergarten zu gehen, war in den 1970er-Jahren die Ausnahme. Die Betreuung endete mittags, in den Ferien blieb der Kindergarten geschlossen. Es gab viel Himbeerwasser und weiches, weißes Brot. Wenn es zu laut wurde, mussten wir uns auf die Sesselchen setzen und den Finger auf die geschlossenen Lippen legen. Manche machten das sogar ohne Aufforderung, um Extralob zu bekommen. Ruhig zu sein war das Um und Auf, das wurde auch schon den Kleinsten klargemacht. Am schwierigsten aber war das mit dem Ruhigsein, sobald wir uns in der Zweierreihe eng aneinandergedrängt wie ein einziger, schwankender Wurm hinaus in den Garten bewegten.

Wenn mehr als ein Kind Scharlach hatte, wurde der Kindergarten vorübergehend geschlossen. Männer in Schutzanzügen kamen, um den Kindergarten zu desinfizieren. Das Aufregendste waren die Vorschulblätter, die Betreuerinnen hießen zwar Tanten (auch offiziell, Worte wie Kindergartenpädagoginnen waren noch nicht erfunden), aber sie waren nicht zum Kuscheln da. Sie bereiteten uns entschlossen auf die Schule vor.

Wir freuten uns wie verrückt, hatten aber auch Sorgen: Wie würde sich dieser Ernst anfühlen, von dem alle ständig sprachen? Der erste Schultag war ein Hochamt. In den Städten mag es schon vereinzelt Schultüten gegeben haben, wir Landkinder kannten sie nur aus Bilderbüchern und von Erzählungen. Schon seit Wochen war das schönste Gewand herausgesucht worden und lag bereit. Eltern, Großeltern und kleine Geschwister, alle kamen mit, und wir defilierten mit hoch erhobenem Haupt und zittrigen Knien zuerst in die Kirche und dann in das Schulgebäude.

In der Volksschule lernten wir vieles kennen, der Ernst des Lebens war nicht darunter. Es war eine unbeschwerte Zeit. Zwar musste man manchmal im Winkerl stehen, was unangenehm war, aber es stand nie zur Diskussion. Kam der Direktor (stets der einzige Mann im Lehrkörper) zur Tür herein, wurde es mucksmäuschenstill. Mussten wir ins Direktorzimmer, hatten wir ein flaues Gefühl im Bauch. Er war die größte Respektsperson, die wir kannten. Neben dem Schulwart natürlich. Der war streng, oft aber auch sehr verständnisvoll und prinzipiell für angenehme Dinge zuständig wie das Schulbuffet. Oder für das vorzeitige Aufsperren des Turnsaals, damit wir ein paar Minuten herumtoben konnten, bevor wir der Größe nach eine Stirnreihe bilden mussten.

Unsere Mitschüler hießen damals noch Stefan, Gerhard, Christian und Martin bzw. Alexandra, Susanne, Gabriele und Barbara. Man nannte seine Kinder so, wie alle anderen hießen. Und suchte nicht wie heute krampfhaft nach originellen Namen, um die Individualität der Kinder (und damit die eigene) zu unterstreichen. Gerhard und Susanne werden aber sicher nicht aussterben. Vielleicht sind diese Namen schon bei unseren Enkeln wieder an der Reihe.

Die Einsamkeit der Schlüsselkinder

In der Volksschule lernten wir noch etwas anderes, etwas Faszinierendes und Fremdes kennen: die Schlüsselkinder. Kinder, deren Eltern nicht ab Mittag zu Hause sein konnten, die keine verfügbaren Großeltern oder andere Verwandte hatten, trugen Wohnungs- oder Hausschlüssel bei sich. Meist an einem Band um den Hals, wenn sie das Schulgebäude verließen. Einen eigenen Schlüssel zu haben war eine große Sache. Gehörte doch einen Schlüssel zu verlieren zu den größten denkbaren Verfehlungen überhaupt.

Zwar durften auch wir nach dem Unterricht alleine nach Hause gehen, aber dort wartete jemand auf uns mit warmem Essen und mit der Ermahnung, gleich die Hausübungen zu erledigen. Die Schlüsselkinder hatten niemanden und wir bedauerten sie aus ganzem Herzen. In den 1970er-Jahren gab es keine Mikrowelle und kaum Fertiggerichte. Was würden sie essen? Was machten sie ganz alleine zu Hause? Hatte sie niemand lieb? Dass ihre Eltern beide ganztags arbeiten mussten, verstanden wir nicht.

Schlüsselkinder durften keine Freunde mitnehmen (das schien zu gefährlich, aus gutem Grund). Sie waren die Verkörperung von Einsamkeit, aber auch von Verwegenheit. Sie ließen sich nichts anmerken, haben aber unser sichtbares Mitleid sicher gehasst. Heute wären Schlüsselkinder die wahren Helden. Die Kinder, die von einer Betreuung in die andere übergeben werden, würden viel für einen eigenen Schlüsselbund geben.

In der Welt, in der wir aufwuchsen, mangelte es nicht an Bezugspersonen, die für uns da waren. Egal wann wir weg gingen, egal wann wir wieder zurückkamen: Es war jemand zu Hause. Dieser jemand war zuallererst die Mutter. Die Mama unserer Kindheit arbeitete entweder Teilzeit oder sie arbeitete gar nicht. In

Wirklichkeit arbeitete sie natürlich rund um die Uhr, und zwar im Haushalt. Haushalt umfasste unsere Rundumbetreuung, einkaufen und vor allem kochen. Es wurde jeden Tag frisch gekocht, und wann immer man zur Tür hereinkam, gab es etwas zu essen.

Ein Stamperl mit der Oma

In unserer Kindheit waren Großeltern alt und rund um die Uhr verfügbar. Keine Spur von „Siebzig ist das neue Fünfzig". Wir kannten unsere Omas und Opas nur als alte Menschen. Sie kleideten sich so, sie bewegten sich so, sie verbrachten ihre Zeit so. Sie trugen gedeckte Farben (braune klobige Schuhe, dunkle, für die Jahreszeit zu warme Mäntel, Lodenhüte, beige Cordhosen und Strumpfhosen mit Strumpfhaltern), räumten alles und überall auf (gerne auch bei uns zu Hause), arbeiteten im Garten, strickten und häkelten, legten mit großer Leidenschaft Patiencen, brachten uns das Schnapsen bei, lösten Kreuzworträtsel und sahen ausgiebig fern.

Wir liebten unsere Großeltern, weil sie uns verwöhnten und es mit den Regeln nicht so genau nahmen. Bei der Oma gab es mitunter ein Stamperl Eierlikör oder Rum in den Tee, und wir konnten manch ungeheure Sache erzählen, die wir unseren Eltern lieber vorenthielten. Wir sprachen nicht viel von früher, als sie jung waren, aber wir ahnten, dass sie damals Dinge erlebt hatten, die die Probleme unserer Eltern (und später auch unsere) für immer relativierten. Sie vermittelten uns das Gefühl, es gäbe nichts Wichtigeres als uns auf der Welt. Böse wurden Großeltern nur, wenn man nicht auf ihre Sachen aufpasste. Auch vor Schmutz graute es Großeltern ganz grässlich.

Großeltern waren übrigens schlechte Autofahrer. Oft hatten sie das Autofahren erst spät erlernt, weil Autos zu der Zeit, in der man gemeinhin den Führerschein machte, noch nicht sehr verbreitet waren. Viele der Abläufe, die einem geübten Autofahrer in Fleisch und Blut übergehen, wirkten jedes Mal wie ein erstes Mal. Großmütter prüften gerne alle zwei Minuten, ob auch die Handbremse tatsächlich gelöst war. Und schauten ständig in die verschiedenen

Spiegel (einen rechten Außenspiegel gab es damals allerdings nur als aufpreispflichtiges Extra) nach hinten, dafür aus unserer Sicht ein wenig zu selten geradeaus durch die Windschutzscheibe.

Außerdem hatte sich die Technik stark verändert, seit die Großeltern fahren gelernt hatten. Darum gaben Großmütter, auch als es längst synchronisierte Getriebe gab, beim Schalten gerne noch Zwischengas. Wobei sie selten höher als im dritten Gang fuhren. Großväter dagegen, die das Autofahren auf weitgehend leeren Straßen gelernt hatten, benahmen sich auch ihr weiteres Autofahrerleben so, als wären sie alleine auf der Straße. Autofahren mit unseren Großeltern hieß für uns also stets: sich entweder zu Tode langweilen oder zu Tode fürchten.

Großeltern heute lieben ihre Enkelkinder genauso. Aber sie legen auch Wert darauf, ihr eigenes Leben nicht ausschließlich der Familie ihrer Kinder unterzuordnen. Sie stehen auf dem nachvollziehbaren Standpunkt, mit unserer Aufzucht ihren Teil in Sachen Kleinkindbetreuung schon geleistet zu haben. Sie reisen in der Welt herum, tragen Turnschuhe und Jeans und sind nicht alt, auch wenn sie schon ziemlich alt sind. Wir verstehen das gut und geben nur sehr ungern zu, dass wir die Großeltern gerne viel öfter an der Hand hätten, wenn wir wieder einmal erfolglos versuchen, unsere Lebenszeit mit unserer Zeit zum Leben zu vereinbaren. Schließlich wollen wir auch für immer noch mit Turnschuhen und Jeans die Welt bereisen.

Immer schön aufessen

Essen hatte stets hohen Stellenwert. Es war wichtig, genug zu essen, immer aufzuessen und überhaupt ein guter Esser zu sein. Vor allem Großmüttern, bei denen wir immer unsere Leibspeise bestellen durften, konnte man mit nichts mehr Freude machen, als wenn man tüchtig aß. „Es hat ihm ja so geschmeckt!", hieß es dann, wenn man aus der Obhut der Omi nach Hause zurückkehrte und minutiös aufgezählt wurde, wie viel wer wann wovon gegessen hat. „Und dann noch drei Marillenknödel ..." Wenn unsere Mütter dann etwas entnervt reagierten, war uns nicht klar, dass die Oma ihrer Tochter damit auch die eigene kochtechnische Überlegenheit unter die Nase rieb. Denn keine Tochter kocht jemals so gut wie ihre Mutter.

Während wir unseren Kindern heute aus Zeitmangel öfter, als uns lieb ist, Essen servieren, das mitgebracht, geliefert, aufgetaut, aber jedenfalls nicht frisch zubereitet wurde, galt unsere eigene Sehnsucht allem, was fertig gekauft wurde. Wir liebten Pommes frites: Die gab es aber nur im Gasthaus, im Schwimmbad und bei diversen Imbissständen, die eher nicht für Kinder gedacht waren. Die ersten McDonald's-Filialen eröffneten erst Anfang der 1980er, und das zunächst nur in Wien, erst nach und nach in den größeren österreichischen Städten. Wenn es einmal zwecks Einkleidung in die Großstadt ging, war ein Besuch von McDonald's das Einzige, was wir uns aus ganzem Herzen wünschten.

Wir liebten Tiefkühlpizza. Oder genauer: Wir verzehrten uns ganz generell nach Pizza. Obwohl der Italiener damals schon als die einzige gängige Alternative zu gutbürgerlichen Gasthäusern galt, hatten wir nur selten die Gelegenheit, italienisch essen zu gehen. Zu Hause wurden zwar auch Nudeln gekocht, aber österreichisch, also so lange, bis sie (aus heutiger Sicht) ungenießbar weich waren.

Die Spiralnudeln, die es traditionell zur Rindsroulade gab, waren höchstens mit dritten Zähnen al dente. Überhaupt wurden internationale Gerichte, wenn überhaupt, dann nur in der heimischen Version gekocht. In die Tomatensauce gehörte zum Beispiel Zucker.

Im Gasthaus aßen wir Frittatensuppe, Cordon bleu mit Pommes frites und Palatschinken zur Nachspeise. Was den Kreis zur Vorspeise stimmig schloss. Die ersten chinesischen Lokale kannte man nur von Besuchen bei der Tante in Deutschland. Von der Existenz von Sushi ahnten wir damals noch nichts. Gegen das Essen von rohem Fisch hätten wir uns auch entschieden verwehrt, rohes Fleisch in Form von Beef Tatar war uns hingegen schon eher geläufig.

Vom Verhungern und Verdursten

Wir hatten einen nicht unbeträchtlichen Schulweg, den wir zu Fuß und per Bus zurücklegen mussten. Das bedeutete Aufbruch im Morgengrauen: Es blieb nicht viel Zeit zum Frühstücken, außerdem waren wir meist noch völlig schlaftrunken und fühlten uns sehr schwach. Mit einem halben Marmeladebrot und einer Tasse Kakao im flauen Magen (und das war schon ein guter Morgen) brach man auf und hatte noch vor Beginn des Unterrichts um 7.45 Uhr Hunger. Gegessen werden durfte wie auch heute nur in den Pausen. Was sich da an Futterneid und Erpressungsversuchen abspielte, ist über die Jahrzehnte gleich geblieben. Es wurde getauscht, gedroht oder einfach geraubt: Nichts schien begehrlicher, als vom Jausenbrot des anderen abzubeißen, das immer besser schmeckte als das eigene. Da gab es hinterlistige Mitschüler, die uns mit ihrem „Nur einmal abbeißen" erweicht hatten und dann einen so großen Bissen von dem kostbaren Brot nahmen, dass nur mehr die Rinde übrig blieb.

Der Klassiker unter den Jausenbroten war ein Doppeldecker mit Butter und Wurst. Dazu gab es wahlweise Äpfel, Bananen und Karotten. Manche, somit sehr beliebte Schüler hatten Süßigkeiten mit, über die am heftigsten verhandelt wurde. Jene ohne Jause hatten Geld, um sich etwas vom Schulbuffet zu holen. Und dann gab es noch die, die weder Geld noch Jause hatten.

Das Buffet war nur in der großen Pause geöffnet. Ein Pulk von Hungrigen balgte sich um die paar Semmeln mit fetter Wurst. Aber auch um offene Schokowaffeln, Kokoskuppeln und Saftgetränke in kleinen dreieckigen Kartons (oder die grausliche Orangenlimonade Bluna). Getränkeautomaten waren untersagt, Coca-Cola und Kaffee hatten in einer Schule nichts verloren. Dafür gab es bis Mitte der 1980er-Jahre ein Raucherkammerl.

So hungrig wie in der Schule fühlt man sich im Leben nie mehr. Und auch nicht so durstig. Trinkflaschen mitzubringen war unüblich, in der Pause rannten wir auf die Toiletten und tranken direkt aus dem Wasserhahn, während die hinter uns Wartenden „schnell, schnell, ich will auch" riefen. In den Pausen musste alles Lebenserhaltende möglichst schnell gehen, damit noch ein wenig Zeit zum Gummihupfen blieb: „Peter Alexander, Beine auseinander, Beine wieder zsam, und du bist dran!"

Nur so kann man verstehen, was die Schulmilch für uns bedeutete. Erstens durfte der Viertelliter Kakao, Milch oder Vanillemilch auf dem Pult stehen. Zweitens konnte man, wenn man die Technik gut beherrschte und keine Schlürfgeräusche machte, in unbemerkten Momenten während des Unterrichts am Strohhalm ziehen. Und drittens war die Ankunft und Verteilung der Milchpackerln schon ein Höhepunkt für sich.

Die meisten Schüler tranken Kakao. Laut Milchwirtschaftsfonds, der die Schulmilchaktion finanziell unterstützte, kam auf vier Kakaotrinker ein Milchtrinker. Die mit der Milch waren die Puristen, meistens waren sie auch die Klassenbesten. Vanillemilch aber war die Königin unter den Sorten – vielleicht auch deshalb, weil sie erst später als Neuerung eingeführt worden war. Man liebte oder hasste sie, und wer sie mochte, war danach süchtig. Im Jahr 1980 wurden österreichweit mehr als 20 Millionen Liter Schulmilch getrunken.

Die Schulmilch half uns über viele Tiefs in diesen Schuljahren hinweg. Am schlimmsten war es, wenn man das Milchgeld vergessen hatte und die nächste Periode über nicht unter jenen war, die das begehrte Packerl bekamen. Vanillemilch gibt es heute in jedem Supermarkt, aber sie schmeckt anders. Möglicherweise wurden mittlerweile einige der Inhaltsstoffe verboten. Und ein halber Liter ist immer zu viel.

Mittags nach dem Unterricht – und wir hatten auch am Samstag bis mittags Schule – wollten wir alle auf schnellstem Weg nach Hause. Nicht, weil es dort so spannend gewesen wäre, sondern weil wir sonst mit Sicherheit verhungert und verdurstet wären.

Die Klassenbucheintragung

Während wir in vielen Lebensbereichen unseren Erinnerungen nachjagen müssen, sind sie in der Schule bis heute wach geblieben – unsere Vergangenheit ist hier Gegenwart. Natürlich ist vieles moderner, frischer, partnerschaftlicher geworden. Die Eltern haben so viel mitzureden wie nie zuvor. Als wir Schüler waren, kamen Eltern nur in die Schule, wenn es ernsthafte Probleme gab und dann erst wieder, wenn die Matura bestanden worden war. Ihre Präsenz war weder erwünscht noch gefordert, dafür durften sie sich auch in keine Schulbelange einmischen.

Auch das Unterrichtsmaterial hat sich verändert: In den Schulbüchern finden sich keine Worte mehr, von denen wir heute wissen, dass sie böse waren. Dafür sagen Halbwüchsige völlig ungerührt „Fick dich" zu ihrer Lehrerin, die kaum Möglichkeiten sieht, dagegen vorzugehen.

Das wäre in unseren Tagen schwer denkbar gewesen: Eine Eintragung ins Klassenbuch, mit der bei Fehlverhalten gedroht wurde, musste unbedingt vermieden werden, denn die absehbaren Folgen waren verheerend. Verständigung der Eltern, ziemlich schlechte Laune zu Hause, Fernsehverbot, Taschengeldentzug und für manche setzte es noch einiges mehr. Bei allen Idiotien, die uns im Lauf der Zeit so einfielen, war also spätestens dann Schluss, wenn das Klassenbuch ins Spiel kam. Einmal ließ ein listiger Schüler das Klassenbuch verschwinden, in dem vermerkt stand, dass er aufgezeigt hatte und auf die Frage des Lehrers, was er wolle, „Ein Bier bitte" gesagt hatte. Als der Klassenvorstand dann laut überlegte, die Polizei einzuschalten, tauchte das heilige Dokument sehr rasch wieder auf.

Die Möglichkeiten, sich im Unterricht heimlich zu verständigen, waren vor allem auf Zuflüstern und Zetterlschreiben beschränkt. So wichtige Fragen wie „Nach der Schule Eis?" oder Informationen wie „Der Heinzi hat urabstehende Ohren" konnten nicht bis zur Pause warten. Dafür wurden Zetterln aus den hinteren Heftseiten ausgerissen, mit Bleistift die Mitteilung unter der Bank hingekritzelt, denn alles andere schimmerte durch, und dem Nachbarn heimlich zugesteckt – unauffällig und lautlos, versteht sich. Richtig sportlich war es, eine Nachricht über mehrere Reihen zu bringen. Da musste man etwa die Arme zum gekünstelten Dehnen in die Luft strecken, sie zur Seite oder nach hinten beugen und den Zettel aus der Faust auf den nächsten Tisch fallen lassen. Oder Schuhbänder binden und die geheime Botschaft am Boden weiterbefördern. Hilfreich einer Schnupfnase ein Taschentuch reichen, in dem der Zettel lag. Wir kannten alle Tricks. Und auch die Lehrer kannten alle unsere Tricks.

Manchmal wurden aber auch geradezu lebensnotwendige Botschaften transportiert. Etwa die Frage aller Fragen: „Willst du mit mir gehen?" Wer so eine Nachricht verfasste, war schon ziemlich todesmutig. Die Gefahr war groß, dass nicht der Adressat, sondern einer der Hilfszulieferer den Zettel entrollen könnte und die Betroffenen tagelang Spott und Hohn ausgesetzt sein würden. Außerdem wusste der Verehrer meist nicht, mit welcher Antwort er zu rechnen hatte. Die Palette reichte von „Weiß nicht", „Ich geh schon mit dem Alex" bis zu „Frag mich später" oder einem simplen Nein. Ein einfaches Ja war über den Zettelweg eher nicht zu bekommen. Wurde aber dennoch hartnäckig immer wieder angefragt.

Auch geschummelt wurde über den Zettelweg. Beim Nachbarn abzuschreiben hatte wegen der unterschiedlichen Prüfungsangaben wenig Sinn, also musste das Risiko eingegangen werden, eine verzweifelte Anfrage um Formeln oder Vokabel an jemanden aus derselben Gruppe zu schicken. Zu den beliebten Selbsthilfemethoden gehörte das Verstecken von Schummelzetteln auf der Innenseite von kurzen Röcken (im Sommer) oder in den Ärmeln (im Winter). Das Herstellen perfekter Schummelzettel nahm meist mehr Zeit in Anspruch als das Lernen für die Schularbeit – war aber dann meist genauso effektiv, merkte man sich doch den Inhalt gleich auch so.

Schummeln war natürlich strengstens verboten. Erst Jahre später dämmerte es uns, dass die wenigen Momente, wo sich Lehrer, die zuvor mitten im Klassenzimmer stehend über uns gewacht hatten, demonstrativ auf ihren Platz setzten und geräuschvoll eine Zeitung aufschlugen, vielleicht doch so etwas wie ein kleines Entgegenkommen waren. Heute schreiben unsere Kinder einander während der Schularbeiten SMS. Statt dass wir uns freuen, dass sie es leichter haben als wir, ärgert uns das. Es ist viel zu einfach.

Die Welt in Fächer geteilt

Der Schultag war in Fächer geteilt, die miteinander nichts zu tun hatten. Nur wenige Fächer (Religion, Turnen, Zeichnen) glichen einer kleinen Ruhezone, wo man sich von E-Funktion und Subjonctif kurz erholen konnte. Haupt- und Nebenfächer verhielten sich zueinander wie die Erste zur Dritten Welt. Aufwand lohnte sich ausschließlich in Mathematik, Latein, Englisch, Deutsch und Französisch. Die anderen Fächer liefen so nebenbei mit, wie sie auch hießen. Das verhinderte aber nicht, dass man über ein einzelnes Nebenfach auch stolpern konnte. Physiklehrer entwickelten gern einen ganz speziellen Ehrgeiz, unwilligen Schülern ihre Macht zu demonstrieren, wenn sie bei der Erwähnung von Schwerkraft blöd kicherten und bei Fliehkraft nur an die große Pause dachten. Auch Geografie konnte zu einer gefährlichen Falle werden, von Chemie ganz zu schweigen. Bei manchen Formeln wissen wir deshalb noch immer, dass es Atome gibt, die Händchen halten, und andere, die sich abstoßen. Das wenigstens kam uns irgendwie bekannt vor. Den Rest haben wir vergessen.

Erst gegen Ende unserer Schulzeit begann der sogenannte fächerübergreifende Unterricht, der einer Revolution gleichkam. Da gab es plötzlich einen Geografielehrer, der mit uns afrikanisch kochte, die Utensilien dafür in einem Jutesack mitbrachte und uns beim Essen dann über Verteilungsgerechtigkeit diskutieren ließ. Wir kamen uns plötzlich sehr erwachsen vor. Bis das nächste Mal die Pausenglocke klingelte und wir wieder im lähmenden Mathematikunterricht festsaßen. Da wussten wir, dass es mit der Gerechtigkeit nicht nur in Afrika nicht allzu weit her war.

Noch heute gibt es die alte Bildungsdiskussion darüber, was man alles wissen muss, um von sich sagen zu können, man wisse etwas.

Als wir damals auf das weit umrissene Ziel der „Allgemeinbildung"
hin ausgebildet wurden – wir konnten dann alles gleichmäßig
mittelmäßig –, behalf man sich vor allem mit dem Kanonbegriff.
Die Liste von Büchern, die man bis zur Matura gelesen haben sollte, blieb im Wesentlichen über Jahrzehnte hinweg gleich. Darauf
fanden sich die alten Klassiker, dann die neuen Klassiker wie die
„Schachnovelle" von Stefan Zweig, Büchners „Woyzeck" oder Kafkas
„Verwandlung", aber auch ein paar zeitgenössische Werke wie die
„Die neuen Leiden des jungen W." von Ulrich Plenzdorf. Darin wurde Goethes Werther in unsere Zeit übersetzt, was sich wunderbar
für Erörterungen bei mehrstündigen Schularbeiten eignete.

Wir konnten uns nicht immer erklären, warum ausgerechnet
dieses oder jenes Buch seinen Weg auf die Bücherliste einer ganzen
Generation gefunden hatte. Kam es in Gestalt eines kleinen gelben
Reclamheftes daher, wussten wir schon, was uns erwarten würde:
die pure Langeweile. Derjenige, der es brav gelesen hatte, gab seinen Freunden vor der nächsten Stunde kurze Inhaltsangaben, die
immer darauf hinausliefen, dass viele Menschen tot waren oder
wahnsinnig geworden und dass Liebe und Krieg ein Hund waren.

Wir erfuhren zwar viel über Literatur und Theater, der Film –
auch in unserer Jugend kein allzu neues Phänomen mehr – hatte
aber nirgendwo seinen Platz gefunden. Außer einmal in einer
Supplierstunde: Da wollte uns der diskursfreudige Geografielehrer
mit der Musicalverfilmung „Hair" die Vietnam-Kriegsproblematik
näherbringen. Ebenso war es im Musikunterricht: Die Klassik, ja,
auch mittelalterlicher Minnesang gerne, aber alles, was nach Miles
Davies kam, war so unsagbar modern, dass es schlicht keine Erwähnung fand. Ausgeflippte Musikpädagogen ließen uns „Love
me do" von den Beatles singen. Ausnahmsweise. Sonst war aber
„Gaudeamus igitur" oder „Hoch auf dem gelben Wagen" angesagt.

Unsere Lehrer waren damals oft jünger als wir jetzt und kamen uns so unfassbar alt vor. In unserer Erinnerung sind sie genau dort stehen geblieben, wo wir sie zuletzt bei der Matura gesehen hatten. Wenn man Jahre später dem einen oder anderen begegnet, der sogar noch den alten Spitznamen kennt und Geschichten von früher erzählt, kommt einem der Gedanke, dass nicht nur die Lehrer das Leben der Schüler geprägt hatten, sondern auch einen Teil unserer Biografie in sich tragen. Es gab (und gibt) die Zerstörer, die einen Schüler, von dem sie nichts hielten, zur Verzweiflung treiben konnten. Aber es gab auch solche, die versuchten, unser Interesse zu wecken, die mit uns diskutierten, die starre Sitzordnung aufbrachen. Oft waren wir nicht imstande, das Angebot, einen anderen Weg einzuschlagen, anzunehmen, und reagierten mit Undiszipliniertheit. So trieben wir manchen der meist jungen Engagierten ihre pädagogischen Flausen aus, anstatt sie zu belohnen – mit so viel Freiheit konnten wir nicht umgehen.

Egal, wie die eigene Schulzeit in Summe verlief: Fand sich ein einziger Lehrer, der einem die Augen öffnete, für die eigenen Fähigkeiten und für Dinge in der Welt da draußen, die einem nicht gleichgültig waren, dann war es die Qual mit anderen vielleicht wert gewesen. Nicht selten war es ein Lehrer, der unser Leben mehr als alle anderen Menschen prägte, die uns später noch begegnen sollten. Ein Wiedersehen mit einem besonderen Lehrer nach vielen Jahren bei einem Maturatreffen konnte aber auch in einer Enttäuschung enden. Während er der einzige Lehrer für einen gewesen war, saßen schon in unserer Klasse 25 andere neben uns. Noch keine Rede von all den Schülerinnen und Schülern, die unser Lehrerideal seit dem Wiedersehen noch unterrichtet hatte. Es ist wie in der Liebe: Menschen sind nicht immer gleich wichtig füreinander. Manchmal aber doch.

Der Geruch nach Schularbeit

Zu Beginn unserer Mittelschulzeit gab es zumindest in der Schule noch keinen Kopierapparat. Musste etwas vervielfältigt werden, fertigten die Lehrer Matrizen an, von denen Abzüge hergestellt wurden. Der geheimnisvolle Vorgang hieß „Abziehen". (Die Älteren unter uns sagen übrigens heute noch „Abzüge" zu Kopien.) Niemals haben wir den geheimnisvollen Apparat gesehen, der die blau-lila Schrift auf das ganz spezielle, glatte Papier brachte. Die frischen Abzüge rochen wundervoll nach Chemie und Alkohol, und wir liebten es, daran zu schnüffeln. Was immer eine Ermahnung der Lehrer zur Folge hatte. Aber was auch immer sie uns verbieten konnten, das Schnüffeln konnten sie uns nicht austreiben. Wahrscheinlich taten sie es selbst heimlich.

So gut der Geruch auch war, mit einer Sache war er untrennbar verknüpft: mit den verhassten Schularbeiten. Der Lehrer teilte die Abzüge mit den Angaben (teilweise handschriftlich) aus, diese mussten (nach kurzem Schnüffeln) ins Schularbeitsheft eingeklebt werden. Da bei allem in der Schule der Spargedanke wichtig war, reichte ein A4-Zettel oft für drei Schüler – der Lehrer hatte ihn in entsprechende Streifen geschnitten. Die waren je nach Ordnungssinn des Lehrers selten gleich groß. Wir fühlten uns sehr individuell betreut. Leider hatte derjenige, neben dem wir saßen, nie einen Streifen mit denselben Schularbeitsangaben wie wir.

Als Mitte der 1980er-Jahre der erste Kopierapparat in der Schule aufgestellt wurde und wegen seines gigantischen Umfangs nicht im Lehrerzimmer, sondern auf dem Gang Platz fand, wurde uns Schülern das Kopieren unter Androhung aller Strafen verboten. Kopieren durften nur Lehrer, die die Anzahl der Kopien in ein Kopierbuch eintragen mussten, das an Heiligkeit dem Klassenbuch um nicht viel nachstand. Aber wir schafften es natürlich, dieses Verbot zu umgehen. Das Erste, was man kopierte, war die eigene Hand. Danach wurden wir immer mutiger und vervielfältigten einen Körperteil nach dem anderen.

Als wir erkannten, wie drastisch ein Kopierer das Leben erleichtern konnte, stiegen Eltern, die in Büros arbeiteten, in unserer Rangliste ganz nach oben. Zuvor hatten wir mangels Verständnisses für das, was man in einem Büro so tat, diese Menschen sehr bemitleidet. Bei Ärzten, Krankenschwestern, Polizisten, Verkäufern, Landwirten und klarerweise Lehrern war die Tätigkeit ja relativ klar. Genau dieses Spektrum an Berufen entsprach ungefähr den elterlichen Beschäftigungen – Piloten hingegen waren Fabelwesen, die wir noch nie persönlich kennengelernt hatten. Nun wussten wir zwar immer noch nicht, was die Büroeltern im Büro den ganzen Tag so für ihr verdientes Geld taten, aber wir wussten, was sie für uns tun konnten: kopieren. Mancher Vater hat nach Büroschluss noch Kopien (die er Abzüge nannte) für uns erstellt und möglicherweise seinen Job riskiert, ging es doch manchmal um mehrere Hundert Seiten für die Schülerzeitung.

Eine weitere Revolution im Schulleben war die Einführung des Overheadprojektors. Die Idee war, den Lehrern das wiederkehrende Schreiben des immer gleichen Stoffes an die Tafel zu ersparen. Einmal fertige Folien konnten in jeder Klasse wieder aufgelegt werden. Soweit die Theorie. In der Praxis brachte der Overheadprojektor die Lehrer zur Verzweiflung und uns viel Heiterkeit. Manchmal war die Projektion an der Decke zu sehen, manchmal war sie verzerrt oder winzig oder viel zu groß.

Jeder Lehrer hatte eine andere Art, die neue Technik anzuwenden: Manche schrieben einfach die Folien randvoll, so wie sie auch die Tafel vollgekritzelt hatten. Andere setzten auf Schlagwörter,

Pfeile, Knödelchen und andere Zeichen, die sie selbst erfunden hatten. Oft verwischten die Lehrer die Schrift auf den Folien, wenn sie etwas darauf hervorheben wollten. Der Unterricht wurde schlagartig lebendiger. Allerdings nur für kurze Zeit: Schon bald quietschten wieder die Kreiden an der Tafel. Die Projektoren standen noch viele Semester neben dem Katheder herum. Sie hatten sich nicht durchgesetzt.

Am schönsten war es aber, wenn richtige Technik ins Spiel kam, wenn etwa ausnahmsweise ein Film gezeigt wurde. Aus dem heiligen Kämmerchen, dem Kustodiat, in dem unter anderem die riesigen Landkartenrollen aufbewahrt wurden, durften zwei Schüler die Leinwand holen. Solche Aufträge waren sehr begehrt. Während des Unterrichts kichernd durch die stille Schule zu laufen kam einem Ritterschlag gleich. Der Lehrer verzweifelte unterdessen an der Instandsetzung des Filmapparats, während der Lärmpegel in der Klasse unaufhörlich stieg – er funktionierte nie auf Anhieb. Wir hörten erstmals Lehrer fluchen. Manchmal wurde ein zweiter zu Hilfe geholt, in dessen Klasse es dann auch richtig laut wurde. Lief der Film dann endlich an, war die Stunde aus und wir wurden auf die nächste Woche vertröstet.

Nur keinen Ganztagswandertag

Versucht man über die heutigen Schulaktivitäten den Überblick zu behalten, ist das gar nicht so einfach. Da gibt es Projekttage und -wochen, Kurztrips in europäische Hauptstädte, Sprachaustausch mit Besuch und Gegenbesuch und vor allem alle möglichen eintägigen Aktivitäten wie Workshops, Kreativwerkstätten, Vorträge, Theater, Kino. Wir begrüßen das natürlich sehr und gönnen es dem Nachwuchs von Herzen, vermissen aber eines: den guten alten Wandertag. In unserer Schulzeit war der Wandertag neben den beiden spektakulären Schulevents Skikurs und Schullandwoche die einzige nennenswerte Aktivität außerhalb des Schulgebäudes.

Hinter dem Wandertag verbarg sich nicht mehr oder weniger, als sein Name vermuten ließ. Man ging eben gerade nicht ins Kino, in den Zoo, in die Stadt und nur in allergrößter Not (Wetter!) ins Museum, sondern man wanderte. Grundsätzlich gab es den Wandertag in zwei Spielarten: ganztags und halbtags. Wobei für uns die Vorteile des Halbtagswandertages seine Nachteile überwogen: Es entfiel nämlich der Unterricht, stattdessen machte man einen Ausflug und war zwar etwas später zu Hause als nach dem üblichen Stundenplan, aber im Wesentlichen blieb uns unser schulloser Nachmittag mit Freizeit erhalten.

Beim Halbtagswandertag dominierten außerdem jene Teile des Programms, die wir schätzten. Also die Anfahrt in öffentlichen Verkehrsmitteln, die Pausen, die Möglichkeit, irgendwo ein bisschen Fußball zu spielen und Süßigkeiten zu kaufen. Auf den Fußmarsch entfielen bei fünf Stunden Gesamtzeit maximal zwei Stunden. Auch die Ausrüstung für diese besseren Spaziergänge war rudimentär: ein Paar Turnschuhe an den Füßen, ein bisschen was zu trinken und ein Brot in einem kleinen Rucksack, das war es auch schon.

Ganz anders der Ganztagswandertag. Ihm ging oft schon Wochen vorher ein Gefeilsche mit dem Klassenvorstand über das Ziel des Ausflugs voraus. Im Mittelpunkt die bange Frage: Wie weit müssen wir gehen? Und da Lehrer im Schnitt eine durchaus wanderaffine Berufsgruppe waren, während Gymnasiasten kaum etwas weniger gern tun als marschieren, gingen da die Vorstellungen diametral auseinander. Fünf Stunden reine Gehzeit waren bei acht Stunden Gesamtausflugsdauer durchaus keine Seltenheit. Sogar für die sportlichen unter uns ein absoluter Horror. Wir schlugen Ziele vor, die möglichst weit von unserer Schule weg lagen. Unser Kalkül war klar: Je länger der Anfahrtsweg, desto weniger Zeit blieb zum Hatschen. Was sich aber nicht vermeiden ließ: Wir mussten jedenfalls den freien Nachmittag dem Wandern opfern. Gar nicht gut.

Auf der zehnteiligen Skala zwischen Schlendern und Mount-Everest-Besteigung kam der Ganztagswandertag zwischen sechs und sieben zu liegen. Man brauchte also zuallererst richtige Schuhe. Wir hatten damals so etwas noch. Diese festen Schuhe, wie das genannt wurde, gingen deutlich über die Knöchel, waren braun, über Kreuz in offenen Haken zu schnüren und hatten das, was Wandervögel immer ein „ordentliches Profil" nannten. Mit zur Ausrüstung gehörte eine Regenjacke. Die konnte man so zusammenlegen, dass nur eine Art Bauchtasche zum Umschnallen überblieb. Die Rucksäcke waren nicht von Nike oder Puma, sondern aus speckigem Stoff mit Lederriemen. Die Jause (zwei Semmeln, ein Paar Landjäger und ein Packerl Mannerschnitten) nahmen wir in einer Blechdose mit.

Was das Trinken anging, zerfiel die Klasse in zwei Gruppen: die Mehrheit hatte kalte Getränke mit, durchaus auch Cola oder Fanta. Eine kleine bemitleidenswerte Minderheit musste mit heißem, ungesüßtem Pfefferminztee ihr Auslangen finden. Sie waren allerdings die Ersten, die bei einer entsprechenden Möglichkeit etwas Kaltes zu Trinken kauften. Die Anreise zum Wandertag erfolgte fast immer per Postbus. Was dazu führte, dass wir recht früh aufbrechen mussten, weil die Intervalle zwischen den Bussen groß waren. Den früheren Bus hin, den späteren retour und schon war wieder eine halbe Stunde mehr Nettowanderzeit zu bewältigen. In unserer Erinnerung war das Wetter immer entweder viel zu heiß oder aber es regnete in Strömen. Was den Klassenvorstand, einen Anhänger der damals gängigen Es-gibt-kein-falsches-Wetter-sondern-nur-falsche-Kleidung-Philosophie, nicht wirklich zu rühren vermochte.

Trotz der genauen Planung kamen wir mindestens einmal von der geplanten Route ab. Dann starrte der Klassenvorstand auf die voll entfaltete Wanderkarte und murmelte: „Da stimmt was nicht." Es schweißte uns zusammen. Dieses Zusammengehörigkeitsgefühl hinderte uns aber nicht daran, einige Schüler am Weg zu verlieren, ohne es eine Zeit lang zu bemerken. Verloren gingen immer die, die mit schleppendem Schritt das Schlusslicht gebildet hatten und stets eine Kurve weiter hinten waren. Irgendwann waren sie ganz verschwunden. Wir schwärmten dann laut rufend aus und machten uns keinerlei Sorgen, dass sie für immer verloren sein könnten. Der Lehrer dachte an den Postbus und fand das Ganze weniger lustig.

Rückblickend gehören diese Wanderungen mit allen Irrwegen zu den lebendigsten Erinnerungen der Schulzeit. Wenn wir heute unseren Kindern einen Ausflug dieser Art vorschlagen, ernten wir verständnislose Blicke. Vielleicht auch deshalb, weil der Ganztagswandertag in dieser Form aus dem Schulleben verschwunden ist.

In der Bubenschule

Üblich waren sie schon damals nicht mehr, aber es gab sie durchaus noch: die nach Geschlechtern getrennten Schulen. Sie waren privat, von einem Orden geführt und galten gemeinhin als „gute" Schulen. Zu dem Zeitpunkt, wenn man sich nach der Volksschule seine Schule aussuchte – und wir durften uns unsere Schule damals selber aussuchen –, waren Mädchen irgendwie noch kein Kriterium. Man wollte in jenes Gymnasium gehen, in das die meisten Freunde auch gingen.

Zu Beginn überwogen auch die Vorteile. Im Turnunterricht wollten immer alle Fußball spielen. Und da man bis in die dritte, vierte Klasse ohnehin nur mit Buben spielte, war die Auswahl bei einer reinen Bubenklasse deutlich höher.

Dann überwogen die Nachteile: Kaum in der Pubertät angelangt, wurde uns klar, dass die Entscheidung ein schrecklicher Fehler gewesen war. Denn wo sollte man Mädchen kennenlernen, wenn es in der Schule keine gab? Es fiel uns wie Schuppen von den Augen, dass genügend Mitspieler für ein Fußballmatch schon sehr viel, aber nicht alles waren. Doch da war es zu spät. Ein Schulwechsel war eine zu große Sache.

Fortan mühten wir uns, an Mädchen heranzukommen. Diejenigen, die zu Hause Schwestern hatten, versuchten mit deren Freundinnen in Kontakt zu kommen. Was aber meist zu ernsten Vier-Augen-Gesprächen mit der Schwester führte. Sie konnte uns ihren Freundinnen beim besten Willen nicht als romantische Möglichkeit empfehlen, so der Tenor des kurzen, aber bestimmten Gesprächs. Das Problem, das als kleiner Bach bei einer unbedachten Schulwahl entsprang, entwickelte sich zu einem reißenden Fluss. Denn als wir begannen auszugehen, taten wir das als Bubengruppe. Die anderen aus gemischten Schulen hatten aber anscheinend keinen Bubenbedarf, beziehungsweise wussten die gemischten Buben geschickt die Schäfchen so zu umkreisen, dass sich keine schwarzen katholischen Privatschulschafe daruntermischen konnten. So saßen wir an Bubentischen beim Bier in der Falle.

Auch die Tanzschule erwies sich als ziemliches Desaster, obwohl das nicht unbedingt mit der Bubenschulherkunft zu tun haben musste. Zu diesem Zeitpunkt fehlte uns einfach die im Umgang mit Mädchen notwendige Lockerheit. Wir waren – im wahrsten Sinn des Wortes – sehr unter Druck. Wir hatten immer nur gerade diese eine Chance, am nächsten Morgen saßen wir dann wieder mit zwanzig anderen pickligen, frustrierten Buben in unserer Klasse herum. Fußball machte immer weniger Spaß.

In der siebten Klasse hatte dann die Schulleitung ein Einsehen und organisierte ein Faschingsfest gemeinsam mit einer reinen Mädchenschule. Wir zogen mit großen Vorsätzen zu den Klängen von Duran Durans „Wild Boys" in die Schlacht. Der Abend endete dann mit der Erkenntnis, dass wilde Buben (und auch Mädchen) eher aus gemischten Schulen kommen dürften.

Wir haben dann an der Uni dort begonnen, wo die Gemischten schon am Ende der Unterstufe angelangt waren. Hat wieder ein paar Semester gekostet.

Als der Schulatlas nicht mehr stimmte

Die Begriffe von den Guten und den Bösen, mit denen wir die Geschichte der vergangenen Jahrhunderte unterfüttert hatten, waren nicht mehr gültig, als wir erfuhren, dass die Bösen im Zweiten Weltkrieg wir gewesen waren. Lehrer rieten uns, mit unseren Großeltern über „damals" zu sprechen. Das sorgte für Verunsicherung und Unruhe, aber auch für großes Schweigen. Je nach Familiengeschichte. Immer wieder fiel das Schlagwort von der „Gnade der späten Geburt".

Und dann passierte Geschichte plötzlich um uns herum. Bis zum Fall des Eisernen Vorhangs hatten die Länder im Osten unserer Grenzen nur fiktiv existiert. Die Orte im nördlichen Waldviertel nahe der Grenze empfanden wir als Einbahnstraßen, wo die für uns in der Gegend ohnehin vorherrschende Trostlosigkeit noch deutlicher zu spüren war. Plötzlich lag einerseits Freude und Euphorie in der Luft, andererseits war Angst zu spüren, was die nun offenen Grenzen im täglichen Leben wohl an Unwägbarkeiten bringen würden. Die Berliner Mauer geriet ins Wanken und unser bisheriges Weltbild mit ihr. Nach Tschernobyl und dem Fall der Berliner Mauer gab es erst am 11. September 2001 wieder ein Ereignis, das uns so in den Bann zog und uns das Gefühl gab, unser Leben hätte sich nachhaltig verändert.

Genauso veränderte sich auch der Schulatlas. Landesgrenzen, die wir uns eingeprägt hatten, schauten plötzlich völlig anders aus. Länder, die fixer Bestandteil unserer Welt waren, existierten von einem Tag auf den anderen nicht mehr. Plötzlich grenzten wir an andere Nachbarländer, und dort, wo wir es bisher mit einem Staat zu tun gehabt hatten, waren in den neuen Atlanten unbekannte, teils winzige Länder wie die Schwammerln aus dem Boden geschossen.

Begleiteten wir den Zusammenbruch der riesigen UdSSR, die uns nie geheuer war, noch mit freudigem Interesse, war schon das Auseinanderbrechen der Tschechoslowakei in zwei Staaten eine ziemliche Irritation. Deren Höhepunkt uns mit dem Zerfall Jugoslawiens erst später ereilen sollte, verbunden mit dem einzigen Krieg, der während unserer bisherigen Lebenszeit – wenn auch nur mit ein paar fehlgeleiteten Schüssen – über die österreichische Grenze schwappte.

Danach lebten wir endlich mitten in Europa statt an seinem östlichen Rand. Vieles war leichter geworden. Nur die Qualifikation zur Fußball-Europameisterschaft und zum Songcontest war wegen der vielen neuen Staaten in weite Ferne gerückt. Zumindest war das ein gutes Argument für das permanent schlechte Abschneiden bei allen internationalen Wettbewerben.

Pünktlich oder Hausarrest

In den 1970er-Jahren war die leidige Frage nach Berechtigung und Wirkung der Watschen als Erziehungsmittel noch lange nicht endgültig geklärt. Im Umgang mit Kindern überwog eine (auch heute freilich noch oft anzutreffende) „Hat's-uns-geschadet?"-Haltung, der auch vermeintlich aufgeklärte Kreise anhingen. Man behandelte Kinder im Großen und Ganzen so, wie man selbst behandelt worden war. Nicht wie man selbst gerne behandelt worden wäre.

Mütter waren in der Regel deutlich milder als die raueren Väter. Neben der sehr selten tatsächlich ausgeteilten Ohrfeige, die als letztes Mittel oft schon als angedrohte Möglichkeit ausreichte, um uns folgsam zu machen, gab es zwei besonders gängige Bestrafungsarten: den Hausarrest und das Fernsehverbot. Dass unser Taschengeld bei ärgeren Verfehlungen gestrichen wurde, muss wohl nicht extra erwähnt werden.

Der Hausarrest wurde vor allem für zwei Arten von Vergehen verhängt: Einerseits bei anhaltend schlechten schulischen Leistungen. Der nicht ganz abwegige Gedanke dahinter: Wer sich nicht draußen herumtreiben kann, muss wohl oder übel im Zimmer sitzen und lernen. Andererseits war Hausarrest das Mittel der Wahl, wenn vereinbarte Rückkehrzeiten nicht penibel eingehalten wurden. Denn für die Eltern war das Vertrauen darauf, dass wir uns an die Abmachungen hielten, essenziell. Eine Mutter, die zu Hause in immer kürzeren Abständen nervös auf die Uhr schaute, weil die vereinbarte Rückkehrzeit schon verstrichen war, hatte keine Möglichkeit, ihr Kind zu erreichen.

Kinder hatten keine Uhr, bevor sie gefirmt wurden. Eine Armbanduhr war wertvoll, die Swatch noch nicht erfunden. Deshalb mussten wir Erwachsene fragen: „Entschuldigen, können Sie mir bitte sagen, wie spät es ist?" Da wir kein Zeitgefühl hatten, fragten wir alle Viertelstunden. Und so lange nicht, bis wir hoffnungslos zu spät waren.

Wenn man zum Beispiel im Park Fußball spielte und um 18 Uhr zu Hause sein musste, aber gerne noch weitergespielt hätte, musste man das Match unterbrechen, zur nächsten Telefonzelle radeln und dann vor allem jemanden zu Hause erwischen. Und das war eine reine Glückssache. Da reichte es schon, dass der Erziehungsberechtigte kurz im Garten war – egal wie lang man läuten ließ, niemand hob das Telefon ab. Dann musste man sich entscheiden: Weiterspielen und ein Donnerwetter bis hin zum Hausarrest riskieren oder pünktlich nach Hause fahren, aber auf das Match verzichten.

Vor allem auf dem Land war die Zeit, zu der man daheim sein sollte, weniger von der Uhr als von den Lichtverhältnissen abhängig. Generell galt: Bei Einbruch der Dunkelheit hatte man nach Hause aufzubrechen. Nun war es aber für den, der zu Hause wartete, schon definitiv dämmerig, während es für die draußen Spielenden noch eindeutig hell war. Meist ereilte einen die Dunkelheit beim Nachhausegehen, und wenn man dann im Stockdunkel endlich daheim eintraf, waren die Diskussionen schon vorprogrammiert. „Aber gerade noch war es ganz hell", brachten wir vergeblich vor. Diese Fixierung auf die berühmte Dämmerung war uns Kindern völlig unverständlich, vor allem, weil sie immer dann über uns hereinbrach, wenn es am schönsten war.

Heute, da wir unsere Kinder nicht einmal allein zum Supermarkt gehen lassen, und wenn, dann haben sie ein Mobiltelefon mit, wissen wir, wie frei und ungezwungen wir uns bewegen konnten und wie viel Vertrauen damals unsere Eltern in unsere Vernunft hatten. Kinder am Nachmittag beim Spielen oder Herumstreunen zu beaufsichtigen wäre undenkbar gewesen. Wir waren dadurch viel selbstständiger als es unsere Kinder heute sind – trotz Smartphone.

Waren zu viele Regeln gebrochen worden, gab es die äußerste Strafe: Hausarrest. Das Schlimme daran war der Isolationscharakter. Denn ohne Facebook, SMS und digitale Kommunikationsmöglichkeiten war man von seinen Freunden tatsächlich abgeschnitten.

Die Strafe des Fernsehverbots allerdings wog besonders schwer. Weil man nur zwei Programme empfangen konnte (FS1 und FS2, in Westösterreich mit Glück noch ARD und ZDF) und noch nicht einmal rund um die Uhr gesendet wurde – damit begann der ORF erst 1995 –, übte der Fernseher schon in seinen Anfängen eine fast übermächtige Faszination auf uns Kinder aus. Was möglicherweise auch daran lag, dass die Erwachsenen das Fernsehen damals viel mehr zelebrierten. Wer nicht fernsehen durfte, fühlte sich aus dem Familienverband ausgeschlossen.

TV-Voting per Klospülung

Die erste Familienshow, die Eltern und Kinder gleichermaßen vor
dem Fernsehapparat fesselte, kannten wir nur noch vom Hörensa-
gen: „Wünsch dir was", moderiert von Dietmar Schönherr und Vivi
Bach, die – blond und schön – exakt dem Schönheitsideal jener Zeit
entsprach. Es handelte sich um eine österreichisch-deutsch-schwei-
zerische Koproduktion unter der Federführung des ORF und war ein
sogenannter Straßenfeger. Sie wurde zwar 1971 nach 24 Folgen in
drei Jahren eingestellt, ihre Nachbeben aber waren lange zu spüren.

Familien schauten im Wohnzimmer Familien im Fernsehstudio
zu, wie sie Wissenstests und teils gar nicht ungefährliche Spielchen
meistern mussten. „Wünsch dir was" markierte den Beginn des in-
teraktiven Fernsehens. Über den Sieg bestimmten die Zuseher aus
einer ausgewählten Gemeinde mittels Energieverbrauch. Sie mussten entweder Lampen einschalten oder die Toilettenspülung betäti-
gen, um für ihre Favoriten zu stimmen.

Über einen Eklat sollte noch Jahrzehnte später gesprochen worden: Eine 17-jährige Kandidatin erlaubte in einer transparenten
Bluse freien Blick auf ihre Brüste. Eine Novität im Fernsehen des
Jahres 1970, über die Zeitungen wochenlang erregt berichteten.
Der nächste Skandal folgte nur wenige Monate später: Eine Familie sollte sich aus einem im Wasser versenkten Auto befreien, aber
nicht alle schafften es ohne Hilfe. Taucher mussten ein Mädchen
retten. Wer die Sendung nicht gesehen hatte, konnte am nächsten
Tag nicht mitreden. Wer sie versäumt hatte, konnte sie nicht nachschauen.

Es begann die goldene Zeit der Familienabendshows, zu denen
auch wir Kinder endlich ein bisschen länger aufbleiben durften.
„Einer wird gewinnen" (kurz EWG) wurde 1979 mit großem Erfolg

wieder ins Programm aufgenommen. Die Mütter fanden Hans-Joachim Kulenkampff charmant. Die Väter wären gerne an seiner Stelle gewesen, wenn er hübsche Kandidatinnen um die Taille fasste und ihre Schultern tätschelte. Die Kinder fanden es super, dass er verlässlich die Sendezeit überzog. Die Eurovisions-Hymne zu Beginn, die auf den Koproduktionscharakter anspielte und wohl den europäischen Gedanken beflügeln sollte, verhieß eine Internationalität, die uns beeindruckte. Weitere Fixpunkte im Familienfernsehsegment waren „Dalli dalli", „Tritsch Tratsch" und „Wetten, dass ...?". Später schauten wir manchmal nur noch zu, um unseren Eltern, die wir abends kaum mehr sahen, eine Freude zu bereiten.

Luftpost, Poesiealben und Tagebuch

Zu den Dingen, die eine gute Erziehung auswiesen und so früh wie möglich erworben werden mussten, gehörte neben ordentlichen Tischmanieren – hier waren vor allem die Positionierung der Ellbogen und das Kauen mit geschlossenem Mund Grundvoraussetzung – und allgemeinen Höflichkeitsstandards wie Grüßen, Ausredenlassen, Erwachsenen-den-nötigen-Respekt-Zollen und Älteren-Menschen-im-Bus-den-Sitzplatz-Überlassen auch noch eine heute weitgehend in den Hintergrund gerückte Fähigkeit: eine schöne Handschrift. In der Volksschule wurde auf Schönschreiben allergrößter Wert gelegt und im Zeugnis mit einer eigenen Note ausgewiesen, was vor allem für Buben eine Riesenhürde darstellte.

Für Linkshänder war das Schreiben noch einmal so hart. Bis in die späten 1970er-Jahre hinein wurden linkshändige Kinder in der Schule zum Umlernen von der „hässlichen" auf die „schöne" Hand gezwungen. Eine Maßnahme, über die man heute den Kopf schüttelt. Aber wenn linkshändige Kinder das Blatt schräg drehen, um nicht alles zu verwischen, werden sie immer noch ermahnt, ihre Unterlagen ordentlich hinzulegen.

Schreiben bedeutete übrigens, mit einer Füllfeder schreiben. Obwohl vor allem die feinmotorisch geforderten Buben einen Krampf in den Fingern und in der Hand bekamen, weil man die Feder in einem ganz bestimmten Winkel aufs Blatt drücken musste, war der Kugelschreiber tabu. Es hieß stets: „Ein Kuli verdirbt die Handschrift", aber auch: „Füllfedern, Autos und Frauen leiht man nicht her" – nur um den Stellenwert der Füllfeder zu dokumentieren. Dabei schrieben wir mit nichts so unleserlich wie mit dieser verdammten Füllfeder. Dazu kam noch der unentbehrliche Tintenkiller, der nicht nur die Tinte löschte, sondern auch die oberste Papierschicht (mit den dazugehörigen Linien) zerfraß. Mit Krakeln, Klecksen und Killerrelikten zogen wir eine Spur der Verwüstung durch das Heft. Die schlimmste Strafe nach einer Schularbeit blieb bis weit ins Gymnasium hinein, den ganzen Text zur Verbesserung noch einmal schreiben zu müssen.

Allerdings spielte das Schreiben mit der Hand in einer Welt ohne Tastaturen tatsächlich eine wichtige Rolle. Denn was heute mit SMS oder E-Mail erledigt wird, war damals ein Zettel, eine Postkarte oder gar ein Brief. Am Ende der Volksschule und am Anfang des Gymnasiums machten Poesiealben, auch Stamm- oder Freundschaftsbücher genannt, die Runde. Sie dienten vor allem Mädchen dazu, sich ihrer Freundschaften zu versichern. In ein solcherart gebundenes Heft mit festem Deckel klebte man ein Porträt von sich, schrieb einen klugen Spruch und zeichnete oder klebte unter Umständen etwas ein. Damit konnte man zeigen, wie viele Freunde man hatte. Auch die Eltern und Geschwister und die Oma durften vorkommen. Auf der letzten Seite verewigte sich im Idealfall die allerbeste Freundin mit dem Spruch: „Ich schreibe mich aufs letzte Blatt, weil ich dich am liebsten hab." Beliebt waren auch Schwüre wie: „Wenn die Hasen Jäger schießen, wenn die Flüsse aufwärts fließen, wenn die Mäuse Katzen fressen, dann erst werd ich dich vergessen." Und nicht zuletzt: „For the world you are someone, but for someone you are the world." Hatte man dem anderen nicht wirklich etwas zu sagen, blieb immer noch: „Mach es wie die Sonnenuhr, zähl die heitren Stunden nur."

Dem Stammbuch folgte meist das Tagebuch. Vor allem Mädchen schrieben ihre geheimsten Geheimnisse nieder und klebten Bilder, Konzert- und Kinokarten dazu. Tagebücher hatten ein kleines Schloss und wurden immer gut versteckt. Wir Brüder wussten meist trotzdem, wo sie aufbewahrt wurden, und damit auch sonst jede Menge über unsere Schwestern. Nur erwischen durften wir uns nicht lassen. Wir selbst schrieben nur, wenn es sich gar nicht vermeiden ließ. So sehen unsere Handschriften auch heute noch aus.

Aber auch die Post spielte noch eine wesentliche Rolle. Waren wir auf Urlaub, gehörte es sich, an alle uns näherstehenden Personen Postkarten zu schicken. Von Italien nach Österreich waren die Karten mindestens vier Wochen, wenn nicht länger, unterwegs. Die Pflichtkarten (an die Großmutter zum Beispiel) waren nahezu gleichlautend (Wetter schön, Essen gut, Strand sauber) und hatten mit unseren tatsächlichen Erlebnissen recht wenig zu tun. An Freunde uferten die Karten durchaus aus, wir schrieben dann auch den Platz neben der Adresse voll. Obwohl wir wussten, die Karte würden auch alle lesen, die mit dem Adressaten in einem gemeinsamen Haushalt lebten. Auch die Großmutter mit ihrer Standardkarte.

Viel später, als wir im Urlaub Bekanntschaften schlossen oder uns gar verliebten, tauschten wir Adressen aus. Telefonnummern auch, doch telefonieren ins Ausland war sehr teuer, und selbst wenn es gratis gewesen wäre, hätten wir nirgends ungestört reden können. Blieb also nur ein Brief, um weiter Kontakt zu halten. Die aufregendste Form des Briefes war die Luftpost. Das hellblaue Briefpapier war so dünn und leicht, dass man beim Schreiben besser keine Füllfeder verwendete. Hatte man den Brief schließlich abgeschickt, dauerte es oft Wochen, bis man Antwort erhielt. Die las man dann immer und immer wieder. Verschob aber den nächsten Brief auf später. So endete ein verheißungsvoller Briefkontakt trotz aller gegenteiliger Vorsätze oft schon nach dem dritten Schreiben.

Als Brockhaus unser Google war

Das Nachschauen in Enzyklopädien war dreißig Jahre vor der Erfindung von Suchmaschinen noch eine wirkliche Kunst, dem Wissen beinahe ebenbürtig. Ein Haushalt mit bildungsbürgerlichen Ansprüchen verfügte zumindest über ein, sagen wir, 24-bändiges Nachschlagewerk. Neben Brockhaus als Standardinventar gab es dann je nach Neigung und Beruf der Eltern Ergänzungen in verschiedenen Fachrichtungen: Grzimeks Tierleben für Biologieaffine, einen mehrbändigen Opernführer, Steins Kulturfahrplan, einen Atlas, das immer noch erstaunlich frische Alte Testament, ein Handbuch über griechische Mythologie, Wörterbücher. All das integriert in die Hausbibliothek, also unter all jenen Büchern, die man über die Jahre zusammengetragen hatte wie die alten Reclamhefte der Klassiker, eine Stifter-Gesamtausgabe und so weiter.

War ein Referat für die Schule vorzubereiten, schrieb man die Informationen säuberlich aus den Lexika ab, um sie dann mehr oder weniger gekonnt umzuformulieren. Hatte man Geschwister, so war immer irgendein Band in Arbeit. Und fand den Weg nicht mehr zurück ins Regal. Unvergessen bleiben die Abende, wo die ganze Familie alle Zimmer auf der Suche etwa nach dem Band FE–FU auf den Kopf stellte, um dem hysterisch heulenden Schulkind zu helfen, das am nächsten Tag über die Französische Revolution zu referieren hatte.

Die Kulturtechniken zur Auffindung von Quellen, die wir dann auch auf der Universität mühsam erlernt haben, sind mit dem Internet schlagartig nutzlos geworden. Suchmaschinen, insbesondere Google, haben das Nachschlagen mehr als ersetzt. Was dabei aber auch verloren gegangen ist, sind die Zufallsentdeckungen, die man beim Herumblättern machte. Im Internet sucht man gezielt, man bleibt vielleicht bei ein paar obskuren Suchergebnissen hängen, kommt vom Hundertsten ins Tausendste, selten aber auf Wissensfelder, die sich lohnen. Wer sich aber an einem Regentag in den Brockhaus vertiefte, stieß plötzlich auch auf interessante Informationen, nach denen man gar nicht gesucht hatte.

Google hat auch jenen Diskussionen in der Familie oder unter Freunden ein Ende bereitet, bei denen es im Grunde nur darum ging, wer Recht hat. Ausgangspunkt waren oft auch sogenannte anspruchsvolle Kreuzworträtsel (bevorzugt aus dem „Wiener Journal"), in denen für die Lösung eine Mischung aus Allgemeinwissen und Um-die-Ecke-Denken notwendig war. Da die Lösung erst in der nächsten Ausgabe erschien, blieb oft ein ganzer Monat, um dem Rest der Familie zu zeigen, dass man der Beste war.

Wer schoss das entscheidende Tor bei der Fußball-WM 1974? Wann genau ging die Lucona unter? Und wie erklärt man noch einmal, was Hermeneutik bedeutet? Konnte man darüber früher auch stundenlang hitzig diskutieren, wird heute sofort gegoogelt und die Frage ist geklärt. Es kommt auch nicht mehr zu Streitereien. Früher behielt der recht, der die meisten Zahlen (oft geblufft) aus dem Ärmel schüttelte oder einfach stur genug auf der Richtigkeit seiner Argumente beharrte. Oder der Älteste war.

Als sichere Quelle gilt mittlerweile das, was eine Mehrheit behauptet. Was die Verfügbarkeit von Informationen angeht, ist die Welt deutlich einfacher geworden. So viel wissen wir immerhin. Wir wissen aber auch, dass wir der Wahrheit weder mit Brockhaus noch mit Google näherkommen.

Mag. rank. xerox.

Was heute zum Alltag auf Universitäten gehört, ist uns ziemlich fremd. Knock-out-Prüfungen, Aufnahmetests, Zugangsbeschränkungen. Verschulung der Studien, Berufsorientierung, dazu obskure Fachhochschulgänge und jede Menge Titel, die wir nicht so recht einordnen können. Bachelor zum Beispiel, da denkt man immer noch zuerst an die engagierte Englischlehrerin, die uns den Junggesellen näherbrachte.

An den Universitäten, in die wir ungefähr zeitgleich mit dem Berliner Mauerfall eintraten, gab es Studenten (noch keine Studierenden), Magister, Doktoren und uns gegenüber, Dozenten, Assistenten und jede Menge Professoren (oProfs und aProfs). Wir studierten, um – nun ja – zu studieren. Ob das, was wir da taten, auf einen Beruf hinauslief, war für uns – nicht aber für unsere Eltern – anfangs doch eher zweitrangig. Mindeststudienzeiten waren Richtgrößen und der einzige Schein, den wir in jedem Semester sicher erwarben, der Freifahrtschein für das Netz der Wiener Linien und die ÖBB.

Wir wechselten Studienrichtungen wie die WGs, kombinierten nach Herzenslust Brotstudien mit Orchideenfächern und taten den lieben langen Tag alles, was Humboldt so gefallen hätte. Das Vorlesungsverzeichnis war eine einzige, große Fundgrube. Studieren kostete schließlich nichts: Es gab keine Studiengebühren, wir mussten keinen Leistungsnachweis erbringen, und bei den Eltern reichte es anfangs, eine Menge Vorlesungen mit langen Titeln und lähmendem Inhalt aufzuzählen – irgendwann einmal aber schlug freilich die Stunde der Wahrheit. Wir gingen nicht essen, nur trinken, und wir wohnten billig.

Dass wir damals länger studierten als heutzutage, hatte aber einen weiteren handfesten Grund. Natürlich spielte es auch eine

Rolle, dass wir während der Schulzeit so oft Fernsehverbot hatten. Deshalb mussten wir zu Studienbeginn ohne elterliche Restriktionen einmal ein paar Semester lang ausgiebig und ungestört Fernsehen. Alle Folgen „Falcon Crest" genauso wie unsinnige Nachmittagstalkshows, die damals begannen, modern zu werden. Wir zogen uns die ganze Programmpalette hinein, von frühmorgens bis spät in die Nacht. Nur „Doogie Howser", die Fernsehserie über ein Wunderkind, das schon mit 16 Jahren sein Medizinstudium abgeschlossen hatte, trübte ein bisschen unsere Laune. (Den Hauptdarsteller kennen unsere Kinder übrigens aus „How I Met your Mother".)

Doch unsere Zeit ging auch mit sehr viel Lektüre drauf: Wir haben den „Mann ohne Eigenschaften" und Doderers „Dämonen" noch von der ersten bis zur letzten Seite gelesen. Einer von uns zumindest. Und viel darüber nachgedacht und diskutiert. Und fragen uns, wo denn heute die Zeit für diese Dinge bleibt, wenn kaum, dass man inskribiert hat, schon die Frage nach dem Abschluss wie ein Mahnmal im Hörsaal steht.

Doch der eigentliche Grund für unsere langen Studienzeiten, der wahre Semesterfresser war ein anderer: der Kopierer. Egal welche Studienrichtung wir auch belegten, ein Kürzel hätte hinter jedem Mag. stehen müssen: rank. xerox. Studieren damals hieß, die meiste Zeit dafür aufzuwenden, um an relevantes Studiermaterial zu kommen. Während Juristen und Mediziner ihre Skripten und Bücher auswendig lernten, waren Geisteswissenschaftler ständig auf der Suche nach dem einen entscheidenden Aufsatz in irgendeinem Buch oder einer Fachzeitschrift. Doch kaum waren wir einem Literaturverweis nachgehend auf der Uni-Bibliothek gelandet und hatten während der Öffnungszeiten (auch das war nicht so einfach) im entsprechenden Zettelkasten die Karteikarte zum selig machenden Text gefunden, stand dort mit Sicherheit: entlehnt.

Mit einer Rückgabe war oft erst Wochen später zu rechnen, dann konnte es aber ohne Weiteres sein, dass das Buch einfach verlängert wurde. Da es oft dringend war, denn die Arbeit war eigentlich immer schon mindestens ein Semester überfällig, machten wir uns auf die Suche nach weiteren Exemplaren in diversen Mini-Institutsbibliotheken. Doch auch dort war es oft so: Ein anderer war schon schneller gewesen. War in einem wichtigen Seminar oder einer Vorlesung nämlich ein gewisses Thema vorgegeben, bedienten sich alle aus einem enden wollenden Repertoire an ähnlichen Quellen. Nach einem solchen Semester allerdings wurden die Bücher oft jahrzehntelang nicht mehr ausgeliehen.

Doch kaum hatten wir das Buch, sei es dass wir doch einmal Glück hatten oder wir konnten es von Freunden oder dem Professor für wenige Stunden ausleihen, ging es ab zu einem Kopierapparat. Mit Kopierkarten ausgestattet, auf die ein Großteil unserer monatlichen Mittel gebucht war, kopierten wir so Hunderte Seiten. Hatten schon unseren ganz eigenen Rhythmus, wussten genau, wann wir das Buch umblättern durften, um den Kopiervorgang nicht zu gefährden.

Das Geräusch des Kopierers, sein vom Lichtschein geleitetes Hin- und Hergleiten lullte uns ein. Und wenn wir dann nach Stunden aus dem Institutsgebäude, irgendeinem Tiefspeicher oder aus dem Copyshop – wie viel Lebenszeit haben wir eigentlich in Copyshops zugebracht? – ans Tageslicht taumelten, dann hatten wir einen dicken Stapel fein geordnetes Material bei uns. Und wiegten uns im trügerischen Gefühl, heute schon richtig viel gearbeitet zu haben.

Allein vom Kopieren lasen sich die Seiten natürlich nicht. Und da wir unser wissenschaftliches Material noch mit Schreibmaschinen verarbeiten mussten, oft ohne in unseren allgemeinbildenden Schulen das Maschinschreiben gelernt zu haben, war es selbst nach der Lektüre noch ein weiter Weg zur fertigen Arbeit. So stapelten sich zu Hause auf unseren Ikea-Schreibtischen Papiertürme. Und begannen nach und nach an den Rändern zu vergilben oder an der Unterlage festzukleben, weil uns während des Lernens ein Glas umgefallen war. Einiges davon haben wir tatsächlich durchgearbeitet, vieles war uns durcheinandergeraten, bei manchen Seiten hatten wir relevante Zeilen weggeschnitten. Oft stellte sich heraus, dass es sich doch nicht um das geeignete Buch für das Seminarthema gehandelt hatte. Hunderte Kopien haben wir ungelesen weggeworfen. Und einige haben das mit dem Kopieren immer schon zu wörtlich genommen.

Tausche Sparschwein gegen Werkzeugset

Unser erstes Konto war ein Studentenkonto und das war immer überzogen – es sei denn, diese Möglichkeit war von besorgten Eltern gesperrt worden. Im Gegensatz zu den Sparbüchern unserer Kindheit, die zwar immer im Plus waren, auf die wir aber bis zur Volljährigkeit keinen Zugriff hatten. Nicht zuletzt deshalb zählte zu den vielen besonderen Tagen, die den Lauf des Jahres markierten und uns Halt und Orientierung gaben, auch der Weltspartag. Der war immer am 31. Oktober, also zu einer tristen Zeit des Jahres.

Der Weltspartag war für die Banken das, was der Muttertag bis heute für die Blumenhändler ist. Ein Tag, um neue Einlagen zu generieren, einen Kundenstock für die Zukunft aufzubauen, sich von der besten Seite zu zeigen. Wobei Banken dazumal ganz und gar kein Imageproblem hatten. Kaum vorstellbar aus heutiger Sicht, wo nach Euro-Krise und Lehman-Pleite Geldinstitute im Ansehen der Bevölkerung ihren Platz irgendwo zwischen organisiertem Verbrechen und Veranstaltern von Heizdeckenfahrten gefunden haben.

In unserer Kindheit war die Bank ein Hort der Stabilität. Sie hatte vorwiegend zu. Jede Bank hatte andere Öffnungszeiten, und die Mittagspause war extrem lang. In einem Geldinstitut arbeiteten sogenannte Bankbeamte. Tatsächlich waren die betreffenden Damen und Herren oft so etwas wie erweiterte Mitglieder der Familie wie der Hausarzt oder der Rechtsanwalt des Vertrauens, weil sie über sehr lange Zeit – tagein, tagaus – in derselben Filiale beschäftigt waren. Sie handelten auch nicht mit Aktien, riskanten Rentenfonds oder waghalsigen Termingeschäften. Nein, die Produkte der Hausbank waren alle grundsolide und trugen das Prädikat „mündelsicher".

Das Sparbuch war das Maß aller Dinge. Das erklärt bis heute unsere Unsicherheit neuen Finanzprodukten gegenüber. Wir wurden – nicht nur am Weltspartag – auf das Buch der Bücher eingeschworen: anonym, gut verzinst, täglich abhebbar. Zu den größeren Entscheidungen in Finanzdingen gehörte es, ein Sparbuch sperren zu lassen, also etwa auf drei Jahre keinen Zugriff auf das Geld zu haben, dafür einen höheren Fixzins (fünf Prozent waren gar keine Seltenheit) garantiert zu haben. Das war der raffinierteste Finanztrick, den wir kannten. Für Kinder und Enkel gab es zu besonderen Anlässen eine Philharmoniker-Goldmünze oder einen silbernen Maria-Theresien-Taler, für die exzentrischeren Kunden wurde schon auch einmal eine Lebensversicherung oder ein Bausparkredit angeboten.

Die Bankfiliale strahlte Solidität und Sicherheit aus. Daran erinnern wir uns, wenn wir heute wieder einmal am Zugangscode zu unserem Onlinebanking-Account scheitern. Oder uns in einem dieser unübersichtlichen Selbstbedienungsfoyers verloren haben, nicht eines Blickes gewürdigt von den namenlosen, ständig wechselnden Mitarbeitern des Instituts, die hinter schalldichten Glaswänden emsig vor sich hinarbeiten. Sie wollen nichts mit uns zu tun haben.

Der Weltspartag selbst lief wie folgt ab: Man schnappte sich sein damals noch obligatorisches Sparschwein und besuchte mit den Eltern die Bankfiliale. Dort wurde das im vergangenen Jahr angesparte Geld, oft ergänzt durch einen Taschengeldvorschuss, den Menschen hinter dem Schalter übergeben. Die Münzen wurden durch einen Münzzähler gejagt, und am Ende hielten wir ein Sparbuch (immer mit Losungswort) in Händen, auf dem ein bestimmter Betrag zu lesen stand – quasi das Urteil über unsere Sparbemühungen im vergangenen Jahr.

An und für sich wäre uns das gar nicht so recht gewesen, denn wir erzählen hier von einer analogen Welt. Es zählte nur, was man auch tatsächlich angreifen konnte. Und so waren Schillinge und Groschen, die man im Hosensack trug und bei Bedarf gegen zum Beispiel Gummiwürmer tauschen konnte, immer noch besser als eine Zahl in einem Sparbuch, das zwar nominell uns gehörte, auf das wir aber ohne Eltern nicht so ohne Weiteres Zugriff hatten. Dieses Unbehagen wurde allerdings durch das Geschenk abgemildert, das es am Weltspartag für uns gab.

Darunter meist eine Sparbüchse – je nach Bank des Vertrauens in Form der sparsamen Biene Sumsi, des ebenso sparsamen Nilpferdes Hippo oder des alten Pfennigfuchsers Sparefroh. Daneben gab es zum Beispiel auch einmal eine Single (abzuspielen bei 45 Umdrehungen pro Minute), auf der die Sumsi eine Hymne auf das Sparen zum Besten gab, oder aber eine Taschenlampe oder ein kleines Werkzeugset. Mit unserem Sparbuch in der einen und unserem Geschenk in der anderen Hand verließen wir die Filiale. Mit dem guten Gefühl, das Richtige getan zu haben.

Der Geruch von Feuer

Jede Jahreszeit hatte ihren Geruch. Meist fallen einem später nur die guten ein. Der Sommer roch nach Sonne auf der Haut und süßem Obst, nach Wasser und Erdbeereis. Der Frühling duftete nach Blumen und frischem Gras, der Winter nach Schnee und Maroni. Im Herbst ging es widersprüchlicher zu. Eben noch war die Ernte auf dem Höhepunkt, Weintrauben, Äpfel, Birnen, da kippte der Obstduft schon ins Unangenehme. Der Geruch nach Maische war an manchen Tagen so stark, dass wir uns die Nasen zuhalten mussten oder ganz flach durch den Mund atmeten, damit uns nicht schlecht wurde.

Erst als sich die Blätter färbten und es endlich losging mit den Kastanien (die wir immer noch gerne sammeln, aber wir sagen, für die Kinder), konnte man wieder frei atmen. Aber nur für kurze Zeit, dann kroch das Faulige in unsere Nasen, es roch nach nasser Erde, aber nicht mehr so gut wie im Frühling, wenn es geregnet hatte, sondern modrig und schwer. Aber das rochen wir bald nicht mehr. Die Zeit der Lagerfeuer war angebrochen.

Das „Zündeln" war streng verboten. Zwar verbrannten die Erwachsenen in großer Sorglosigkeit Laubhaufen im Garten oder erledigten die Pflege von Böschungen und überwucherten Grünstreifen mit einem gepflegten Brand, der nicht selten die Feuerwehr ausrücken ließ. Dass Felder nach der Ernte abgebrannt wurden, war ebenso noch eine gängige Methode. Uns aber wurde eingeschärft, das Feuer als unseren größten Feind zu betrachten.

Tatsächlich aber war es eine große Liebe. Irgendeiner von uns hatte immer Zündhölzer dabei. Wir suchten trockenes Holz und Reisig und eine verborgene Stelle, wo wir ein kleines Lagerfeuer entfachen konnten. Nicht im Wald natürlich, so blöd waren wir

nicht. Das Problem mit dem Feuer war nur, dass es nicht zu ver-
heimlichen war. Entweder qualmte es so stark, dass wir gleich gefunden wurden, oder unsere Kleidung roch wie frisch aus der Selch-
kammer, sodass man uns eindeutig überführte: Vom Geruch von
Lagerfeuer kann man sich nicht reinwaschen, er ist ebenso anhaf-
tend wie jener von Zigaretten. Auf dünne Eternitplatten – beschä-
digte lagen immer irgendwo herum –, strichen wir eine Mischung
aus Wasser und Mehl, ließen es in der Hitze backen und nannten
es Brot. Wir rauchten Lianen. Wir starrten ins Feuer, liebten die
Farben und das Knistern und fühlten uns mutig und frei.

Nebelschwaden und Weltschmerz

Die Westösterreicher hatten vielleicht das ganze Jahr über mit dem vielen Regen zu kämpfen, kennen aber ein Herbstphänomen nur von der Fernseh-Wettervorhersage, der meist eine größere Bedeutung zukam als den Nachrichten selbst: die Rede ist vom Nebel. Wer im Osten des Landes aufwuchs, wurde schon im September ein wenig traurig. Wischte sich frühmorgens die Spinnweben aus dem Gesicht, die man nur spürte, aber nicht sehen konnte, und wusste, dass es von nun an bergab gehen würde. Nach den letzten sogenannten goldenen Herbsttagen kroch die Dunkelheit in den Tag hinein, und das nicht nur, wenn es dunkel wurde. Der Nebel nahm uns in Gefangenschaft.

War die Sonne noch stark genug, lösten sich die Nebelfelder im Lauf des Tages auf. Sonne war etwas ausschließlich Positives, nichts, wovor man sich je hätte schützen müssen. Bald aber blieb der Nebel über uns hängen, tagelang, wochenlang. Schon mittags mussten wir das Licht einschalten und Tages- und Nachtzeit gingen irgendwie ineinander über. Wir zählten die Wochen, seit wir das letzte Mal die Sonne gesehen hatten – der Rekord lag bei sechs –, und merkten, wie sich auch die Stimmung der Eltern spürbar verdüsterte. Sie versuchten, am Wochenende dem Nebel zu entkommen.

Zu diesem Zweck fuhr die ganze Familie den nächstgelegenen höheren Berg hinauf. Serpentine für Serpentine kroch das Auto bergauf, die Insassen immer mit der Hoffnung im Herzen, dass hinter der nächsten Biegung die Sonne wartete. Manchmal gelang es: Sonnenstrahlen brachen durch den Nebel, alle atmeten hörbar auf, stiegen aus dem Auto und blickten bewegt auf die wabernde Nebeldecke hinunter: Von dort aus betrachtet sah sie ja recht malerisch aus. Danach fuhren wir hinunter und tauchten wieder in das Grau ein – oben gab es ja nicht viel zu tun, die Hütten hatten schon zu. Dennoch fühlte sich vieles besser an als vorher.

Leider war der Berg meistens nicht hoch genug. Es fehlten noch ein paar Hundert Meter zum Glück. Dann begannen die Kinder im Auto über die sinnlose Herumfahrerei zu jammern, irgendwem wurde schlecht und am Schluss stritten sich die Eltern.

Mitten in diese Nebelzeit fiel Allerheiligen. Halloween war noch nicht zu uns vorgedrungen. Zwar war der Weltspartag ein kleines Highlight gewesen, aber sonst herrschte rund um den 1. November Grabesstimmung. Eltern und Großeltern besuchten Friedhöfe, und wenn wir mitgingen, schlichen wir wortlos um die Gräber, lasen altmodische Namen und fühlten uns merkwürdig berührt, wenn wir Kindergräber sahen. Es ging ums Vergessen und ums Erinnern, und die verdorrten Pflanzen auf vernachlässigten Gräbern hinterließen einen nachdrücklicheren Eindruck als die vielen Blumen und Kränze auf den frischen und gut gepflegten Gräbern.

Für Heranwachsende war der November die Zeit, da der Weltschmerz am größten wurde. Es gab nicht viel mehr zu tun, als für die Schule zu lernen, zu lesen oder Musik zu hören. Oder mit Gleichgesinnten am Telefon darüber zu seufzen, wie sinnlos das Leben war und wie schrecklich unseres im Speziellen. Die Sommerliebe war längst erloschen, eine neue nicht in Sicht. Und Weihnachten war noch schrecklich weit weg.

Der erste Raureif brachte dann Hoffnung zurück. Der Winter war im Anmarsch, und damit rückte etwas näher, was wieder mehr Freude in unser Leben bringen könnte: der erste Schnee, die erste Skitour, die erste Gelegenheit, wieder unter Leute zu kommen.

Zumindest ist es in unserer Erinnerung so. Aber man weiß ja: Erinnerungen halten einer Überprüfung nur selten stand.

Zeit, wieder von vorne zu beginnen.

Danksagung

Viele Zufälle haben zur Entstehung dieses Buches geführt. Chefredakteur Rainer Nowak wollte eine Geschichte übers Skifahren für die „Presse am Sonntag", über die wir so uneinig waren, dass dabei eine neue entstand. Die vielen Reaktionen von Lesern haben zu weiteren Ideen geführt. Beim Schreiben wie beim Zweifeln haben wir uns abgewechselt, bei Gesprächen mit Familie und Freunden Erinnerungen an unsere Kindheit und Jugend aufgefrischt. Und uns fremde angeeignet.

Stefan Förstel und Pasha Rafiy sind uns bis zum Schluss mit Rat und Tat und mit noch mehr Geduld zur Seite gestanden. Ein großer Dank gilt auch unseren wenigen Erstlesern, die sich durch die ungekürzte Version gearbeitet haben, und uns so die Augen für dringend notwendige Leerstellen, nein, ganze Leerseiten geöffnet haben.

Vor allem aber bedanken wir uns bei unseren Familien für die große Unterstützung, anhaltende Begeisterung und die wertvolle Extrazeit.

Ohne Euch gäbe es dieses Buch nicht.

Florian Asamer & Friederike Leibl-Bürger

P. S.: Meinen Eltern und meinem Bruder danke ich für alles, was uns so eng zusammenhält. Mein Vater hat das Erscheinen dieses Buchs nicht mehr erlebt. Hinter jedem Wort, das ich schreibe, steht ein Gedanke an Dich. F. L.-B.

Friederike Leibl-Bürger (Jahrgang 1973) und Florian Asamer (Jahrgang 1971) sind Redakteure und Kolumnisten der Tageszeitung „Die Presse" und leben in Wien.

ISBN 978-3-222-13456-2

Wien – Graz – Klagenfurt
© 2014 by Styria premium in der
Verlagsgruppe Styria GmbH & Co KG
Alle Rechte vorbehalten

Bücher aus der Verlagsgruppe Styria gibt es
in jeder Buchhandlung und im Online-Shop

styriabooks.at

Lektorat und Herstellung: Marion Mauthe
Buchgestaltung: Maria Schuster
Coverentwurf: Stefan Förstel, Pasha Rafiy
Bildnachweis: picturedesk.com: Cover (Ingo Barth, Therese Petersson); Friederike Leibl-Bürger: S. 9; Corbis: S. 59, 105, 153,

Druck und Bindung:
Druckerei Theiss GmbH, St. Stefan im Lavanttal
7 6 5 4 3 2

Printed in Austria